CRECER EN EL CARIBE COLOMBIANO.

Cartagena de Indias, décadas 70 y 80.

DOUGLAS IVÁN PÁEZ SOSA

Primera Edición:
Febrero de 2020
Autor: Douglas Iván Páez Sosa
dpaezsosa@yahoo.es

Todas las vivencias aquí narradas son verídicas. Ocurridas, la mayoría, en mi natal Cartagena de Indias. En las décadas de 1970 y 1980.

Especial dedicación a mi hermana, Faride Ivonne Páez Sosa; y mi madre, Ana Elena Sosa Babilonia. Mujeres siempre presentes y fundamentales en mi vida y formación.

INDICE

Mi vecino Pambelé - año 1974...3

El Pinturero. Un torero muerto antes de la lidia.....................9

Mi encuentro con el poeta loco. 13

Como era salir de rumba, en la Cartagena de 1983.....................19

Los talleres del antiguo ferrocarril. 25

Mi ataúd 29

El primer huésped. 32

Tragedia en Mamonal...36

La Prima-Hermana...41

De safari infantil...44

Marino por un día. 49

Viaje a Venezuela 58

La seño Triny 71

Mitos urbanos en la Cartagena de los años 80. 75

Un vuelo casi fatal...80

Los buenos de mi tierra.......................................84

Rafael, un vendedor especial...................................89

La bruja...92

Desde diciembre del 2015 —año en el que lancé mi primer libro: La razón arma infalible— pensé que mi musa iba a ser de un solo parto. No lograba concentrarme en un nuevo tema para escribir. Entonces, decidí que mientras sentía ese abrazo determinante de la inspiración, me entretendría escribiendo pequeñas crónicas y anécdotas de mi vida, la vida de cercanos y la de cualquiera que captara mi atención. Así lo hice, lo que no sabía, lo que no había descifrado, era que, de esta manera, estaba preparando éste nuevo libro que ahora presento.

En cada uno de estos escritos, pude regresar a mi niñez y adolescencia. Fue un verdadero placer sentir el viaje maravilloso que te da la evocación. Y mientras escogía y revisaba cada anécdota; volver a aquellos lugares y momentos mediante la relectura de lo ya escrito, no tiene comparación. Es volver a vivir, ¿Y porque no? encontrar en cada escrito, más detalles o descubrir nuevos hechos.

Es mi intención lograr que el lector pueda sentir mis emociones. Pretendo hacer que mi seguidor literario, pueda adentrarse en cada historia; para de esta manera, no solo hacerlo participe de ella, si no poder descubrirlo allí, a mi lado, en cada situación narrada, en cada situación descrita.

Douglas Iván Páez Sosa
Escritor

Manuel Antonio Cervantes Reyes (Kid Pambelé), es un boxeador dos veces campeón del peso Walter Junior. Colombiano; nacido en el primer pueblo libre de la esclavitud española, San Basilio de Palenque.

Miembro del Hall de la Fama, y a quien los oportunistas y su escasa preparación educativa, lo hicieron sucumbir en la droga y despilfarrar su fortuna.

Siendo yo un infante tuve la fortuna de conocerlo. Fuimos vecinos en el barrio El Recreo, en la ciudad de Cartagena de Indias.

En aquel entonces, mi nombre era Ivancito y no Douglas. Y no es que me lo haya cambiado, no, es que a los cinco años —edad a la que llegué a dicho barrio en 1971— ese Douglas era difícil de pronunciar, por lo que, cuando preguntaban mi nombre respondía: Ivancito Páez.

Los Cervantes llegaron al barrio cuando el campeón recién iniciaba su gloria. La prosperidad llegó a sus vidas tan contundente y sorpresiva, como un golpe de la zurda que él bien administraba.

Fui compañero de juegos infantiles y andadas de Manuel Cervantes, su hijo mayor. Lo que me permitió muchas veces la entrada a su casa.

Famosas eran las fiestas cuando el campeón llegaba.

Recuerdo una descomunal olla de sancocho hirviente en medio del patio; y nosotros, corriendo alrededor de la misma, o jugando a las escondidas entre las matas de plátano. Estas casas tienen patios extensos, donde no es extraño encontrar frutales, hortalizas y matas ornamentales. Lo que, para nuestra volátil imaginación infantil, era fácil convertir en una exuberante jungla.

La primera vez que vi al campeón fue en uno de esos corrillos infantiles. Esquivando adornos e invitados, por toda la casa, disfrutábamos de nuestro ingenuo mundo. De repente, Manuel hijo, abruptamente me detuvo colocando su mano abierta en mi pecho, y señalado con su índice me advirtió, "ese es mi papá".

Percibí admiración y amor en sus palabras, ya que, si hubiese querido jactarse, me hubiese señalado al "Campeón".

Y allí estaba él, sentado en medio de todos y callado. Le brindaron un trago y dijo que no. Sin desplante ni gesto alguno, simplemente dijo no agitando su índice izquierdo y cabeza al tiempo.

Pambelé se dio cuenta de nosotros, con un gesto nos pidió acercarnos. Con su voz gruesa, pero a la vez pausada, y un leve acento palenquero, preguntó:

—¿Mane, y este cachaquito quién es?

—Papi, él no es cachaco, es Ivancito Páez y vive en la otra calle, detrás de los Orozco.

—¿E Ivancito es amigo tuyo?". Volvió a preguntar el campeón.

—Si papi, él es mi amigo.

Entonces, levantando sus dos manos empuñadas y haciendo un leve ademán boxístico, tocó mi pecho con ese puño inmenso, áspero y lleno de callos en los nudillos; y exclamó:

—Entonces, Ivancito Páez, también es amigo mío.

Me quedé impávido y con una sonrisa media faz congelada en mis pronunciados cachetes. No lo podía creer, yo era amigo de "Kid Pambelé". Ese que tanto mencionaban en radio y televisión.

Fue la única vez en mi vida escolar, que deseé acortar el fin de semana y llegar lo más pronto posible a clases. Cursé mi primaria en el colegio Los Ángeles del barrio Pie de la Popa. Afanado quería contar y presumir a mis compañeros, (de esa forma exagerada y jactanciosa, que solo a los niños les queda bien), que era amigo del gran campeón mundial de Box, "Kid Pambelé".

Tengo en mi mente la imagen de un hombre moreno, alto, delgado y elegante. Vestía traje completo de color blanco; serio y bien puestecito, como dirían nuestras abuelas.

Recuerdo verlo retirarse a dormir cuando la fiesta aún estaba lejos de terminar. No podían ser más de las ocho de la noche. Pues mi permiso era hasta esa hora y yo aún permanecía en medio del jolgorio dando lata con el hijo del campeón.

La casa de los Cervantes era blanca, y en la fachada había incrustaciones de ladrillo rojo hasta poco menos de la mitad de la pared. El piso era de baldosas blancas con pequeños puntos y trazos rojos.

Recuerdo que, en una de esas llegadas del campeón —como siempre— el sancocho era para todo aquel que quisiera ir a saludarle; y claro, allí estábamos nosotros en medio de todos corriendo sin cesar.

Tenían ellos en la mitad de la sala comedor y justo sobre la mesa, una inmensa lámpara de cristales; adornada con múltiples rombos tridimensionales que caían a borbotones. Era una lámpara hermosa; la estructura central o esqueleto, era de color dorado, y en sus terminaciones, se alzaban hermosas coronas de cristal, dentro de las cuales iban las luminarias. Mane (así llamábamos con cariño a Manuel Cervantes junior), me dijo que todo lo dorado en aquella lámpara era de oro. Yo le creí.

Recuerdo como si hubiese sido ayer, ver al campeón sentado en la mesa y comiendo rodeado de muchos. Pero esta vez actuaba extraño; hablaba alto y se reía a carcajadas. De repente, y de un sólo salto, se puso de pie. Tambaleó un poco, acto seguido, cogió la brillosa lámpara que Mane y yo tanto admirábamos, como pera de box. Y lanzándole no más de cuatro poderosos y muy rápidos golpes cortos, la destruyó por completo.

Los fragmentos de vidrio salieron disparados por doquier. Algunos hicieron blanco en varios invitados, quienes, para mi desconcierto y a pesar de los golpes y una leve magulladura sangrante en la frente de Plutarco (esposo de Candelaria, hermana de Pambelé), rieron a carcajadas festejando la hazaña del campeón.

Me quedé paralizado por un instante, asustado y dudando sobre qué hacer. De repente escuché la voz de Mane, la cual me sacó del letargo momentáneo diciendo: "rápido Ivancito, coge los tuyos".

Aquella noche y con aquel episodio, mientras recogíamos algunos rombos de cristal convencidos que eran diamantes, entendí —a mis escasos siete años— que el campeón, estaba cambiando.

En la tarde del domingo 18 de diciembre de 1966, en la plaza de toros y circo teatro La Serrezuela, de la ciudad de Cartagena de Indias; todo el público abarrotado esperaba ansioso la faena del joven torero español, de 21 años y originario de Lugo, Galicia; Manuel Luis Ríos Lozada. Más conocido en el ámbito taurino como El Pinturero. Apodo que se auto denominó, en honor a un pájaro multicolor existente en su tierra natal.

La expectación general no era por la espectacularidad de su lidia, ni por su renombre en dicha profesión; lo especial y único en aquel personaje, era su temeraria manera de llegar al coso taurino. Caía al mismo procedente de los cielos, sostenido y guiado por un paracaídas.

Era una tarde radiante. Las brisas decembrinas naturales de la época ejercían su rigor.

Todos estos aspectos fueron tenidos en cuenta, para los análisis necesarios y requeridos en tal proeza.

Álvaro Quijano fue el piloto del monomotor Piper Tripacer PA22, que llevó al temerario Pinturero a las alturas. Monomotor que era propiedad de Julián Villegas, y desde el cual se realizó el tan anunciado salto, a 3000 pies de altura.

El servicio eléctrico fue suspendido en los barrios de San Diego, Marbella y El Cabrero de manera preventiva. En caso de que el torero paracaidista resultara enredado en alguno de los cables de alta tensión circundantes, no muriese electrocutado. Unas botas de hierro también se habría calzado, para con el peso de éstas lograr más exactitud en el trayecto. En fin, todas las precauciones de rigor de aquellos tiempos, con tal de preservar la vida del temerario.

El capitán Jaime Borda Martelo presenció el salto, es más, vio al Pinturero con vida y en los preparativos para tal maniobra. Usó aquel día (el Pinturero), unas medias veladas femeninas. Y dentro de las mismas, bolsas llenas de talco Johnson, perforadas con sendos agujeros; con el fin de dejar una ligera estela de humo o polvillo, que permitiera seguir mejor desde tierra la trayectoria del torero en los aires.

En una crónica sobre este tema, publicada por el diario El Universal y fechada en noviembre 19 del 2017, mencionan que, a juicio del mismo Borda Martelo, el Pinturero, habría fallecido asfixiado por el arnés del paracaídas antes de tocar tierra. Esto llamó mi atención, al indagar vía telefónica sobre este concepto a la misma fuente (Capitán Jaime Borda), entendí el por qué de su dictamen.

Él fue testigo presencial de aquel fatídico salto decembrino del 66. Se encontraba apostado a los alrededores de la pequeña plaza de toros expectante por el evento. Y pudo observar como este joven torero, venia cayendo con los brazos totalmente colgantes. Sin ejercer ninguna dirección o maniobrabilidad al paracaídas. Me informó también Borda Martelo que, el médico que recibió y atendió el cuerpo del Pinturero, fue el doctor Guillermo De Los Ríos. Galeno del entonces hospital Santa Clara (hoy hotel con el mismo nombre). Este doctor De Los Ríos confirmó también su teoría; dictaminando en el acta forense, muerte por asfixia en vez de ahogamiento.

Manuel Luis Ríos no tuvo ninguna trascendencia en el mundo taurino. Aquí en Cartagena, aquella, su tarde fatídica de 1966, fue reemplazado en la faena por el cartagenero Boris Diaz Granados. Quien magistralmente lidió cuatro novillos de María Victoria Soto.

Pinturero fue un joven ilusionado con la fama y el renombre alcanzado por algunos de sus compatriotas en estas artes. Alguien cuya escasa capacidad económica, lo obligo a venir de polizón en un barco mercante a estas tierras. Fue esta misma estrechez de recursos, aunada a su muerte sorpresiva en las playas de Marbella, la que dejó sus restos sembrados en tierra colombiana por largo tiempo. Mas exactamente en el cementerio Santa Cruz del barrio de Manga.

El cónsul y la colonia española de la época, no consiguieron los recursos necesarios para regresar los restos mortales a su natal Galicia.

En este cementerio, sin visita ni lamento de doliente alguno, reposaron sus restos mortales diesciceis años. Cuando finalmente pudo ser repatriado a su natal Lugo, el 8 de febrero de 1982.

Mi encuentro con el poeta loco.
Raúl Gómez Jattin

A comienzos de los años ochenta (tendría aproximadamente 14 años), mi hermana Faride, se encontraba realizando su año de prácticas de Instrumentación Quirúrgica en la ciudad de Cereté, Córdoba. Mi madre y yo íbamos a visitarla con frecuencia. Siempre era grato recorrer esas extensiones inmensas de tierra plana. Dotadas de abundante prado verde; con ganados blancos y pardos, robustos, bien cuidados, pastoreando en ellas.

Praderas inmensas e interminables sembradas de algodón, eran lo más similar que podíamos tener —en estas latitudes— a un prado cubierto de nieve.

Eran estas nuestra visual desde la carretera al pasar.

Se quedaba mi hermana hospedada en la casa de la familia Rodríguez Espitia. La cual queda ubicada en el barrio Venus.

Es una casona antigua grande y de madera. Su color, verde claro. Cuenta con un elaborado jardín demarcando el sendero de entrada. Y justo frente a esta hermosa casa, un brazo del río Sinú pasa agrandado y veloz en época de invierno. Es una vista hermosa, pero intimidante al mismo tiempo. Ver todo aquel caudal bravío y poderoso de aguas turbias, fluyendo tan cerca al límite del desborde, producía algo de temor.

Un medio día cualquiera, después de haber caído un torrencial aguacero, estábamos sentados en la sala del antiguo caserón reposando el almuerzo. Degustábamos un café negro, o tinto, como bien se le conoce en nuestro entorno. De repente, irrumpió en medio de la sala un hombre inmensamente alto. Fue tan rápido e inesperado su arribo, que nos sorprendió cual aparición de un espanto.

Contextura fornida. Piel blanca pero curtida; no sucia, asoleada. Su cabeza, notoriamente grande, estaba cubierta de cabello liso, negro y ligeramente alborotado. Vestía una camisa guayabera gris, de cuatro bolsillos; la cual se veía algo gastada. La combinaba bien con un pantalón negro, remangado a los tobillos; ambas prendas estaban limpias. Pero lo que resaltó de inmediato y captó toda mi atención, fueron sus enormes pies; descalzos, trajinados y untados de barro.

Su tono de voz era grave, hablaba fuerte y con mucha seguridad; parecía ser allegado. O por lo menos, cercano a esta familia. Usando buen léxico y denotando modales, pidió un café tinto y se sentó con nosotros. Era una imagen extraña —por decir lo menos— ver a este señor, sentado con sus piernas elegantemente cruzadas, pocillo en mano, dedo meñique parado, vestido de guayabera, pantalón largo; pero sus pies, desnudos y totalmente untados de barro.

Dialogaba con pulcritud. Con mucha tranquilidad comenzó a interrogarnos. Empezó con mi madre: le preguntó sobre su ocupación. Preguntó también cuál era la relación de ella con la familia Rodríguez Espitia, procedencia, etc. Luego se dirigió a mí. Preguntó el parentesco entre mi madre y yo, mi edad, colegio, año que cursaba; y así de repente, salido de contexto y mirando perdido atreves de uno de los grandes ventanales, se refirió a mí en tercera persona: ¿Y a Douglas Iván le gusta la poesía?

Respondí que sí, acto seguido comenzó a declamar uno de sus poemas. Uno que hablaba acerca de que él era un Dios en su pueblo o algo así. Quedé asombrado, impactado. ¿Cómo alguien evidentemente desquiciado, podía haber escrito algo tan bonito y coherente? ¿Cómo diablos había descubierto mi secreto mejor guardado; mi incipiente inicios en la poesía?

Preguntó por mi dirección en la ciudad de Cartagena; Esthercita Rodríguez Espitia, hija de la dueña de casa y quien estaba con nosotros degustando la cálida bebida, agitando veloz su dedo índice derecho, me hizo ademanes negativos a espaldas del sujeto. Yo no entendí, y de manera desprevenida le di mi dirección.

Cuando el extraño personaje terminó su café, de la misma forma atrevida e irreverente con la que irrumpió, se marchó. No sin antes prometer visita a nuestra casa en Cartagena.

Apenas se marchó, Esthercita algo preocupada sentenció:

—No te asombres si llega a tu casa. Él tiene una memoria excelente.

—¿Quién es él? Pregunté preocupado.

—Es Raúl Gómez Jattin. Alguien a quien la inteligencia lo condujo a la locura.

Nunca me visitó. Cosa que agradezco, porque la verdad el personaje me intimidaba.

Muchos años después, estando de amores con quien fue mi esposa y madre de mis dos hijas, estábamos sentados en el parque de San Diego de la ciudad de Cartagena. Tomábamos vino escuchando canciones de Silvio Rodríguez y su nueva trova cubana.

Dicho parque, al quedar justo frente a la Escuela de Bellas Artes, era punto de encuentro para quienes pretendíamos hacer parte de la bohemia irreverente de la época. En grupos y por sectores, según el arte que estudiasen, se hacían los estudiantes casi todas las noches.

Nunca estudié en Bellas Artes, pero era indudable que el ambiente y la charla ocasional con sus alumnos me parecía enriquecedora e interesante.

Cerca de la media noche, irrumpió en escena aquel personaje. Raúl Gómez Jattin. Lo reconocí de inmediato. Esta vez usaba un suéter blanco nuevo, pero inmensamente grande para su talla. Una pantaloneta de color rojo desteñido, y un par de chanclas viejas, tan desgastadas, que, en su parte trasera, la de los talones, se veían ostensiblemente delgadas.

Pidió un trago de ron Tres Esquinas a un grupo de muchachos que estaban cerca de nosotros. Eran estudiantes del programa de escultura. Ellos, con tono displicente le dijeron que no. Raúl, visiblemente enojado y manoteando, hizo como si se marchase, pero, a escasos metros de distancia se regresó corriendo. Y sin que nadie lo esperara, de un zarpazo arrebató la botella del reconocido ron cartagenero. Y allí, de pie y delante de aquellos chicos y nosotros, la empinó y se tomó un desbordante sorbo de licor. Tal fue la cantidad, que chorros de alcohol bajaban por su boca, mejillas y cuello. Y lo poco que había dejado; haciendo gala a su locura, carácter e irreverencia, lo reventó contra el piso. Salpicándonos de vidrios y licor a todos los allí presentes. Para después salir corriendo despavorido cual ánima en pena.

Y haciendo sonar una carcajada estridente —la cual retumbó por todo el centenario parque—, se perdió entre las desoladas callejuelas del barrio San Diego.

—¡Loco HIJUEPUTAAA! Como salido del alma, alcanzó a gritar uno de los afectados. Pero después, todos; absolutamente todos quienes allí estábamos, soltamos una contagiosa carcajada grupal sincronizada. Es que ver la osadía y desfachatez del personaje fue muy gracioso.

Días después de aquel suceso, leí en un periódico local la trágica noticia de su muerte. Atropellado por un bus, a las seis de la mañana de aquel 23 de mayo de 1997, murió uno de los poetas más importantes que ha parido nuestra tierra Caribe. El accidente ocurrió en inmediaciones del puente de Chambacú. Muy cerca de donde le gustó pasar sus últimos años de vida; el centro amurallado.

Murió solo, ebrio y trasnochado. De manera trágica y sin doliente en las cercanías. Bajo la mirada fija, estática y silente, del monumento a la India Catalina.

Como era salir de rumba, en la Cartagena de 1983.

Las disco más importantes estaban concentradas en Bocagrande. Comienzo por enumerarlas en orden de aparición, según estaban ubicadas entrando en el sentido Centro Amurallado – Bocagrande. Por la avenida San Martín:

A mano derecha, aparecía de primero y color blanco en esquina, La Caja de Pandora. Aquí la rumba era muy buena. Juvenil, música variada y estupendos juegos de luces.

La entrada quedaba a un costado, y en la portería, un hombre alto y blanco (ex agente de la Policía) de nombre Freddy. Este personaje nos permitía ingresar licor, esto, dependiendo de su estado de ánimo; el cual cambiaba siempre a favor, si le dábamos una buena propina.

Hoy allí queda el edificio Portofino y funciona una sede del Banco Sudameris; justo frente al almacén de ropa femenina Estudio F.

—La Gruta. Esta quedaba frente a la Caja de Pandora, en la misma acera. Era un ambiente algo más recatado, más señorial. Hoy funciona allí una sede del Banco Itaú.

—Más adelante, sin abandonar la San Martín, pero a mano izquierda, quedó: primero, el Templo de Cleopatra, después, funcionó Nautilos con su fachada azul. La entrada era una pesada puerta gris de hierro; como puerta interna de submarino o algo así.

Hoy funciona allí la peluquería de Diego Moya.

—Diagonal a está, quedaba Las Catatumbas.

Su fachada no la recuerdo bien, pero su interior, absolutamente oscuro, es inolvidable.

Los meseros usaban túnicas marrón estilo monjes medievales. En esta disco, con ese ambiente lúgubre, sucedían situaciones. No sólo de bailes vive el hombre.

Hoy en esa esquina funciona Mac Donalds.

—Estudio 54. Era de dos pisos. En el primero quedaba la pista de baile. Sus baldosas traslucidas de colores eran iluminadas desde la parte interna, al mejor estilo de las discotecas mostradas en las películas americanas de aquellos tiempos.

Hablo de películas como Fiebre de Sábados por la Noche, por citar una.

Esta quedaba después de las Catacumbas, en la misma acera y más o menos diagonal al Centro Comercial Bocagrande.

Fue en esta disco donde asistí por primera vez a una vespertina bailable. Fui con la novia de la época, la recuerdo muy bien; a la chica, la disco y aquella rumba vespertina. Tenía escasos 15 años. No ubico exactamente que funciona ahora en este local. Si aún existe.

—Siguiendo hasta la próxima esquina, en la misma acera, a la derecha, quedaba una terraza muy amplia y señorial. La Piragua. Era otro tipo de rumba, frecuentada mucho por turistas y personas mayores. Hoy queda allí un Kokorico y el hotel Hampton by Hilton. Al frente hay una perfumería, La Riviera.

—En esta misma esquina de La Piragua, girando a la derecha y al otro extremo, saliendo hacia la playa, quedaba una de las mejores, Minerva. Funcionaba en el sótano del hotel Capilla del Mar.

Era pequeña, pero la más juvenil de la época. Tan afamada fue, que en está filmaron el programa Baila de Rumba en su gira nacional. Programa que presentaba Alfonso Lizarazo.

En este mismo hotel Capilla, en el piso 21; el Bar Giratorio.

Era más señorial, y como su nombre lo indica, giraba muy pausado sobre un complicado mecanismo.

Tenía inmensos ventanales que mostraban gran parte del mar, por un lado, y la ciudad amurallada a lo lejos. Era un poco desorientador a veces, pues te distraías y de repente, te encontrabas con otra vista.

—Volviendo a la San Martín y llegando hasta el centro comercial El Pueblito, entrando a la derecha; salida hacia la playa, quedaba La Rotonda. Entre el centro comercial y la parte trasera de La Escollera.

Un kiosco circular de palma, donde vendían hamburguesas y cerveza. Era ruta obligada hacer el giro en esta rotonda, y, desde el auto, pedir unas cervezas para llevar. De paso mirábamos que chicas andaban por allí.

—Y al final de esta calle, frente al mar, la mejor de todas. La Escollera.

Esta fantástica disco, administrada en aquella época por la hermosa Sonia Galofre merece un capítulo aparte. Fue la mejor de todas y la más afamada.

Me salté y omití, Hielo Ice. Parada obligada para aprovisionarse de hielo y licor cuando el dinero no alcanzaba para rumba de discoteca.

Nos estacionábamos en los muelles de Castillo Grandes, en la playas frente a la Escolleras, o las del Club Náutico en el Laguito.

Éste famoso sitio de aprovisionamiento etílico quedaba ubicado entre las hoy pizzería Pícolo, y restaurante La Olla Cartagenera.

Era atendido casi que las 24 horas por un señor blanco, cabello negro, y quien casi siempre vestía guayaberas de colores claros. Si no estoy mal, era de apellido Majana.

Pero siguiendo el orden que traía en el recorrido inicial, he omitido algunas, de las cuales también visité en esa época.

Tales como: Molino rojo, al lado y en los bajos del Hotel Dorado. Bar Boleros del hotel Caribe. Grill Portobelos, en el segundo piso del Pierino Gallo. Éste, tenía una puerta interna que comunicada a un casino.

Para finalizar el largo trayecto de la ruta de discos y bares de la época, el bar Cangrejo del hotel Hilton.

En este último cantaba un moreno alto, delgado, al cual no le gustaba que las personas bailáramos mientras él hacia su show. Y paraba de cantar, no reiniciaba su actuación hasta que los bailarines de ocasión no nos sentáramos.

Esto siempre me pareció bien antipático. Pero así era este señor.

De este bar el Cangrejo, recuerdo un chiste muy popular de la época. Decíamos:

—Esta noche nos vamos de crustáceos.

Que consistía en, primero, ir a bailar al mencionado bar cangrejo, después (si teníamos suerte) completar la velada en el motel La Cangreja o La Jaiba. Que quedaban adyacentes el uno del otro en el barrio Daniel Lemaitre.

Por allá por el año 70 o 71 (tenía 4 o 5 años), por los alrededores de la estación de servicios o bomba (como decimos acá) de San Felipe, en la ciudad de Cartagena, había un señor delgado, con aspecto del interior del país que vendía unos tamales pequeñitos y que eran unos cuadrados exactos. Parecían dados. Según informaciones, su nombre era Vicente Pelufo y vivía en el barrio de Bruselas.

Eran una delicia. Los llevaba en una lata grande y cuadrada de aceite. La cual atravesaba con un madero en la parte superior, de lado a lado, a manera de manija.

Me fascinaban estos pequeños tamales. Cuando el señor los servía, sin desamarrararlos siquiera, con todo y bijao; los cortaba a la mitad con una afilado cuchillo, para luego verter en ellos, una exagerada ración de picante Ajibasco. Bueno, así nos gustaba a mi padre y a mí. El sabor de la masa era exquisito y en el centro de esta, alverjas, garbanzos y unos cuantos trozos de piel de cerdo con su respectiva capa de grasa.

¡Taaaamaaales! Era el pregón de este vendedor a pleno pulmón, con su lata llena de productos apoyada en el hombro. De esta manera llamaba la atención de sus clientes. Yo era asiduo.

Acompañaba a mi padre al taller de Lucho "el bigotón", cuando a éste, iba a reparar su auto de la época. Un Chevrolet Chevelle año 1966 (mismo año de mi nacimiento).

Este bigotón era muy popular en dicho sector y todo el barrio El Espinal. De mediana estatura, blanco y lucía un poblado bigote de canas amarillentas; fumaba mucho. Y si no estoy mal, era oriundo de Barranquilla.

Era mecánico, pero al terminar su labor, siempre se le veía bien vestido y perfumado con la loción de la época, María Farina. Cabello engominado, ropas limpias, nuevas y siempre encajado. Su taller quedaba justo donde hoy imponente aparece el Mall Plaza.

Este lote, en aquella época, era una bodega inmensa donde funcionó un taller del antiguo ferrocarril que cubría el trayecto Cartagena - Calamar.

El señor Lucho bigotes, administraba o cuidaba dicha bodega con sus respectivos patios.

Los pisos de la bodega eran tablas gruesas de madera. Los cuales lucían de color negro por los años de sucio y aceite derramado. Y encima de estos, reposaban cualquier cantidad de piezas y repuestos de autos, y del antiguo ferrocarril.

Por el desgaste de los años, sectores del piso de madera ya no existían y podías ver atreves de estos espacios, en el fondo, las aguas de la bahía.

Recuerdo que el señor Lucho, siempre serio, me asustaba diciendo que no entrara sólo allí; que debajo de esas tablas había caimanes.

Detrás de la gran bodega, había un delgado puente ya carente de pisos, que conectaba esta estructura con el sector de muralla que da a puerto duro. De hecho, el puente, era para el paso del tren.

En uno de los pocos momentos que logré burlar la vigilancia de mi padre, me fui a merodear por aquel puente. Y cruce gran parte de este. Andando de lado y haciendo equilibrio por uno de los parales. Siempre mirando hacia adelante. Grandes manglares a los alrededores, y las quietas aguas del caño a mis pies, eran la vista. En este sector en especial, el cuerpo de agua luce agrandado, algo parecido a una pequeña laguna.

En un momento dado de la incursión sobre el puente, al voltear atrás, me di cuenta de lo lejos que estaba de la orilla. Me atemoricé, y justo cuando iba a comenzar a gritar llamando a mi padre, él apareció. Ya había notado mi ausencia y venía a mi rescate. Subió a la baranda, y con absoluta serenidad, me dijo que no mirara hacia abajo. Que estuviera tranquilo, ya él estaba allí.

Mi ataúd

En 1973, tenía escasos 7 años. Estudiaba en el colegio "Los Ángeles" del barrio pie de la popa en la ciudad de Cartagena de Indias.

A este plantel educativo, llegaba en ocasiones a buscarme mi padre, al final de su jornada laboral cuando esta así se lo permitía.

Era un verdadero placer regresar a casa con él. No queriendo decir con esto, que el recorrido en la ruta escolar fuese aburrido. Para nada, mis compinches de desorden, y la jocosidad de Orlando (el menor de los dos hermanos conductores que nos transportaban) hacían del largo trayecto un grato momento. El otro conductor de mi ruta, Benjamín (hermano de Orlando), era más serio.

Recuerdo que, en una de esas idas de mi padre a buscarme, la euforia con la que siempre lo recibía se desvaneció apenas subí al auto. Pasé de alegre a preocupado en un santiamén.

El auto de mi padre era un Chevrolet Chevelle de dos colores. Gris en su techo, y blanco todo lo demás. En aquel entonces los autos eran inmensos, y a diferencia de los de ahora, los puestos delanteros no venían individualizados conductor, pasajero. No, venían equipados con un solo asiento largo y enterizo, donde conductor y pasajeros compartían el mismo espacio. Y en la parte trasera, otro asiento de igual tamaño y proporción.

Por más que mi padre preguntó acerca de mi estado de ánimo, no quise entrar en detalles, y él, distraído con sus divagaciones cotidianas, aplazó el tema para cuando llegásemos a casa.

Ese trayecto lo sentí eterno. La ventanilla de aquel auto, que siempre me distraía mostrándome la vida callejera en porciones, aquella tarde no me dijo nada.

Con mi vista clavada al piso, solo pensaba en lo injusta que era la vida. Me atemorizaba el solo pensar que ya no vería más a mis padres, que no jugaría con mi perro, y que sería depositado en un frío hueco hecho en la tierra; y en este, me dejarían abandonado cuando todos regresasen a sus casas. Hacía poco había observado esto en el sepelio de alguien cercano a mi madre.

Al llegar a casa, mi madre enseguida preguntó acerca de mi estado de ánimo. Mi padre le comentó que él tampoco sabía que me sucedía, que así de lánguido había venido todo el trayecto; pero, cuando él —muy sonreído— le comentó a ella que le traía un obsequio, mi actitud comenzó a cambiar.

Regresó a la parte trasera del auto, abrió la puerta, y del asiento trasero, tomó una enorme caja de madera que manipulaba con mucho cuidado.

Era un reloj de pared marca Jawaco, modelo San Marcos. Lo había comprado en la joyería "La Lupa" como obsequio a mi madre. Esta joyería quedaba en el centro histórico de Cartagena, calle de Las Carretas. Era propiedad de don Clemente Orozco, vecino y amigo de la casa.

Aquel reloj, mi padre lo había colocado boca abajo en el asiento trasero, con el fin de preservar la integridad del delicado vidrio que viene con ellos. Vidrio delicadamente tallado con el que estos relojes se adornan en la parte frontal.

Trayéndolo de esta manera, lo que quedó expuesto a la vista mía —al subirme al auto—, era una caja de madera con bordes tallados muy similar a un pequeño ataúd.

Fue eso lo que mis ojos infantiles vieron aquel momento. Y como era yo el más pequeño de la familia, mi volátil imaginación dedujo que, por alguna razón desconocida para mí, mis días estarían contados.

Aún puedo escuchar en mi mente (como si hubiese sido ayer) la sonora carcajada de mi padre cuando supo la razón de mi silencio y angustia en todo el trayecto.

El primer huésped.

Cerca del año 1973, comenzaron los trabajos de adecuación del lote donde funciona hoy, y desde aquel entonces, el Parque Cementerio Jardines de Cartagena. Ubicado en la troncal de occidente o vía a Ternera, justo frente al barrio El Recreo. Mi barrio.

Era un lote de terreno extenso, con grandes y centenarias bongas por doquier, las cuales fueron taladas en su mayoría para dar paso al proyecto. (Resalto que, a pesar de mi corta edad —11 años—, aquel arboricidio me marcó). Había en la mitad de este terreno, ubicada hacia la derecha, mirando desde la avenida troncal, una pequeña laguna; la cual colindaba con la calle que separa, dicho parque cementerio, con sus barrios circunvecinos; Santa Mónica y El Socorro.

En la mitad del pequeño cuerpo de agua, estaba la más grande de todas las bongas.

Era imponente, y su follaje exuberante daba sombra a medio lago. Algunas de sus gruesas raíces, entrelazadas y serpenteantes, se alzaban por fuera de las aguas; haciendo presagiar la maraña de estas que debía estar por debajo de las mismas.

Era tan grande su tronco y gruesa su base, que formaba una pequeña isla en la mitad del pequeño cuerpo de agua; a la cual accedíamos cruzando apoyados en pedazos de icopor.

Después, ya ubicados en la pequeña isla, tomábamos un hilo de nailon y lo amarrábamos al extremo de una rama seca. Luego, con un alfiler doblado en forma de "U" y a manera de anzuelo, procedíamos a pescar. Como carnada, usábamos fragmentos de lagartijas o lobitos de monte que cazábamos previamente. Para nuestra volátil imaginación infantil, aquello era en una playa extensa en medio de la cual, una gran faena de pesca se llevaba a cabo. Era un verdadero deleite.

Recuerdo como si hubiese sido ayer, la alegría que sentía cuando el nailon comenzaba a vibrar; y al halarlo, allí estaban, unas diminutas mojarras de color marrón y las cuales, en la base de sus cabezas, justo al pie de las agallas, lucían adornabas con delgadas líneas anaranjadas en forma de arco.

¡Qué grandes nos sentíamos!

Los más osados se montaban a la bonga, y usando sus gruesas ramas como trampolín, saltaban a las aguas. Recuerdo que algunos de mis compañeros de aventuras, se quedaban tiesos mientras caían a las aguas, otros, se adornaban con improvisadas figuras. Por instantes, parecían estatuas humanas suspendidas en el aire. Sobra decir que yo jamás participé de estas acrobacias, nunca fui buen nadador.

Qué tiempos aquellos. Era la mejor manera de gastar las calurosas y eternas tardes de nuestras vacaciones de junio.

Estudiaba yo en el colegio de La Esperanza, y, una tarde cualquiera cuando regresaba de clases, observé una romería dirigiéndose a la orilla del lago. Los que ya habían llegado, miraban insistentemente al centro de este. Con gran curiosidad, en vez de dirigirme a casa, seguí a la romería. Al llegar a la orilla pude escuchar como todos comentaban casi al unísono: ¡Se ahogó! ¡Se ahogó!

En el otro extremo del lago, orilla contraria a donde yo me encontraba, había un grupo de niños. Eran tres. Estaban vestidos solo con sus pantalonetas mojadas, y temblaban de miedo y frio. Sus manos, pálidas y arrugadas por las largas horas expuestos al agua, las tenían juntas; con los dedos entrelazados y pegadas a sus tiritantes barbillas. Uno de sus compañeros de esparcimiento en la pequeña laguna, se había sumergido para no salir más.

Bomberos y policías se hicieron presentes. Dos de ellos, desde un pequeño bote y con largas ramas, hurgaban por todo el pequeño lago; tratando de palpar el cuerpo del niño desaparecido.

Las horas pasaron y llegó la noche. Frustrados los rescatistas por la no recuperación del cadáver, dieron paso a buzos de la armada, quienes ya casi a media noche, lograron rescatar el cuerpo del infortunado chico. Todo ese tiempo había permanecido enredado, en el laberinto de raíces que se formaban debajo de la bonga. Imagino que el inocente crío, jugando a ser buzo, intentó cruzar entre ellas y quedó atrapado para siempre.

Fue él quien estrenó este parque cementerio. Los dueños, como tratando de expiar alguna culpa, donaron la última morada de aquel infortunado menor. Acto seguido, procedieron a rellenar aquel cuerpo de agua que en tantas vacaciones de mitad de año nos albergó.

Fue este niño el primer huésped del parque cementerio Jardines de Cartagena, y la última persona que disfrutó de aquel preciado lago, que tanto nos entretuvo en la niñez.

Tragedia en Mamonal

La zona industrial de Cartagena de Indias tiene por nombre Mamonal. Desconozco el origen de este, pero me atrevería a aseverar que algo ha de tener con el árbol del mamón; fruto típico de la zona y el cual es una pequeña vianda redonda, mayormente constituida por semilla, y en la parte superficial de esta, una delgada capa de fruto color rosado o amarilloso, traslucido y gelatinoso la recubre. Suele ser dulce o ácido, todo depende de la suerte y los azares de la naturaleza.

El 8 de diciembre de 1977, tenía 10 años. Nos encontrábamos en la vecina población de Turbaco, visitando a una familia muy cercana a los afectos de mi padre. Turbaco y Mamonal no son colindantes, pero si quedan relativamente cerca.

Eran cerca de las 7:30 de la noche, cuando, una estrepitosa pero lejana explosión, captó la atención de todos. El silencio se apoderó de la reunión por escasos segundos. Los adultos, lógicamente asustados, argumentaban conjeturas acerca de la procedencia y origen de tan extraño suceso.

Era una noche muy oscura y estrellada; en aquella época, las luces incandescentes de la ciudad no trascendían más allá del barrio de Ternera. Y era notorio, el sutil cambio de temperatura a medida que comenzábamos el ascenso a dicha población. En el Turbaco de aquel entonces, se sentía frío en las madrugadas.

Intrigado por lo sucedido y como presagiando un nefasto acontecimiento, mi padre se despidió de todos y comenzamos el descenso a casa.

Famosa era, en aquella época, la carretera Turbaco-Cartagena por su alta accidentalidad. Esta ruta era una bajada pronunciada y extensa. Además, curvas pronunciadas y la estrechez de la calzada, hacían de este trayecto un reto a la destreza de cualquier conductor. A mitad de camino y justo en medio de una de las peligrosas curvas, un jeep Land Rover color verde claro, sobrepasa nuestro vehículo de forma veloz e imprudente. Mi padre reconoció el vehículo inmediatamente, y muy preocupado comentó: "algo sucedió en Abocol, ese auto precipitado, es uno de los que utilizan los ingenieros que quedan de Stand By en la planta".

Abocol S.A., era la empresa donde mi padre laboró la mayor parte de su vida, y a donde en más de una ocasión le acompañé —felizmente— en época de vacaciones, para "ayudarlo a trabajar".

Apenas llegamos a la casa y aún sin bajarnos del auto, el repicar del teléfono era notorio desde la distancia. Mi padre saltó del auto, y como si ese instante se hiciera eterno, buscó desesperado entre su manojo de llaves la que por fin abrió la puerta.

Apresurado contestó el teléfono de la sala, era el jefe de seguridad de Abocol, coronel retirado de la Infantería de Marina, Julio González. Este le manifestó, que su presencia era requerida de manera inmediata en la planta.

Esa noche fue larga. La espera me venció y me rindió el sueño.

Al día siguiente, esta noticia era de lo único que se ocupaban las personas y los medios de Cartagena; 23 personas habían fallecido por la explosión de un reactor, en la recién instalada planta de Urea de Abocol.

Dicha explosión provocó, el desprendimiento de una inmensa nube de amoníaco que asesinaba todo ser viviente que estuviera en su camino. Grillos, aves, conejos, perros, y humanos. Todo lo que estuviera expuesto ante el poderoso y letal gas, fue aniquilado.

Los relatos de mi padre eran desgarradores. Él era muy elocuente en la descripción de los hechos; mencionó la cantidad de fallecidos en el siniestro, habló de cómo la piel de los heridos se desprendía en hilachas y quedaba adherida a las manos de quienes trataban de socorrerlos.

Contó también, como un cuerpo fue encontrado en el baño, recostado al lavamanos, y con su rostro envuelto en una tolla humedecida; como tratando, de esta manera, evitar la fatal inhalación. Dos compañeros, tratando de escapar de la nube tóxica, se treparon a las mallas de seguridad que circundaba las instalaciones. Sus cuerpos, rígidos —casi petrificados—, fueron hallados aferrados a éstas. Con ojos brotados y bocas abiertas, dibujaban la angustia producida por la asfixia. Argumentó también mi padre, menos mal la tragedia ocurrió de noche y no en pleno día laboral. La tapa del reactor afectado, que pesaba dos toneladas aprox., salió disparada por los aires producto de la explosión, e impactó el edificio de administración; destrozándolo casi por completo. Fue necesario demolerlo.

En pleno día laboral, con todas aquellas personas ocupando sus puestos de trabajo; la cifra de muertos hubiese sido mayor. Menos mal también; los azares del universo permitieron que la brisa aquella noche estuviese soplando en dirección opuesta a Pasacaballos. Población vecina a la zona industrial. Lo que permitió que la letal nube de amoníaco se dispersara entre terrenos baldíos. De lo contrario, el número de fallecidos aquella trágica noche hubiese sido ostensiblemente superior.

En fin, relatos tan abrumadores hacia mi padre, que arrugaban el corazón y sentías hasta con el estómago. Era tan detallado el retrato mental que hacías de la tragedia —por la excelente descripción del narrador— que, sin quererlo, te hacía parte de los acontecimientos.

Estoy seguro fue de él, de quien heredé mi empírica y modesta habilidad narrativa.

Hoy, casi medio siglo después, son pocos los recuerdos que las personas tienen de este lamentable hecho.

La Prima-Hermana

Dejé de fumar hace varios años ya, por recomendación expresa de mi hija de 9 años, Sofía Páez. Ella, muy jactanciosa a veces me lo recuerda diciendo: "papá te salvé la vida".

Cuando lo hacía, en mis inicios, fumaba Piel Roja sin filtro. Es un cigarro fuerte, el cual deja pequeñas virutas en tus labios después de cada aspirada. De hecho, era tan fuerte, que no podía fumar más de dos en una parranda. Quienes han fumado saben, que es en tragos, cuando el perjudicial vicio más te acecha.

En esa época, años 80, se podía fumar dentro de los establecimientos. Cuando íbamos a discoteca, nuestras lindas acompañantes salían con sus cabellos impregnados en el poco agradable olor a cigarrillo. Recuerdo que mis amigos se burlaban cuando encendía uno de los míos, decían: "ya viene el viejo a prender su xxxx de perro". Las X, hacen referencia al término vulgar con que se le puede denominar al falo de dicho animal.

Así llamaban popularmente y de manera despectiva, al nativo y silvestre "Piel Roja".

Después, mi gusto algo más refinado, se interesó en los habanos "Cohíba". Prefería los "Cohíba Club", paquete de 10 unidades. Eran lo más parecido en tamaño, a un cigarrillo normal. Esto me permitía fumarlo de una sola vez, sin tener que guardar los apestosos tabacos a medio fumar.

Recuerdo que los compraba en la "Cava del Puro". Sitio especializado en todo lo referente a los habanos, ubicado a uno de los costados de la iglesia San Pedro Claver. Su propietario, Doménico, es un italiano calvo, corto de una pierna, quien además es excelente anfitrión. Cada ida a su establecimiento se convertía en una tertulia improvisada entre desconocidos. No te dejaba ir sin antes hacerte tomar sendos rones, de una marca cartagenera que él muy bien promocionaba; Ron Dictador. Éste, acompañaba de manera perfecta los puros recién adquiridos; los cuáles comenzábamos a consumir y disfrutar en el mismo establecimiento.

Era un verdadero placer acompañar cada bocanada del apreciado tabaco cubano, con un buen Whisky, ron; o por qué no, una fría Club Colombia. La mezcla de sabores producida por el juguetear del humo recién aspirado —entre paladar y nariz— después de la ingesta del licor apetecido; es realmente una sensación muy agradable. Dañina, pero agradable.

Cierta ocasión, mientras lavaban mi auto en uno de aquellos lavaderos improvisados que abundaban por el barrio "Pie de la Popa", me hice bajo la sombra de un frondoso almendro para refugiarme del pertinaz sol. Canícula que inclementemente azotaba las espaldas desnudas de los curtidos lavadores de autos.

Acababa de almorzar, quien ha fumado sabe también que, después de un abundante almuerzo, las ganas de un cigarro te dominan.

Prendí mi Cohíba Club, y mientras saboreaba la primera bocanada de humo; un reciclador con su carreta, quien en el frondoso árbol también se refugiaba, me preguntó con su voz ronca:

"Oye docto, perdóneme la pregunta, pero eso que está usted fumando, ¿Es prima-hermana de la marihuana?".

Casi me ahogo producto del humo recién aspirado, y la sonora carcajada que me provocó este sencillo y natural personaje. Pero, aun así, haciendo gala de mi mente rápida y circunstancial le respondí:

—Son parientes amigo, son parientes.

De safari infantil

En mi niñez esperaba con ansias los fines de semana. Tuve la fortuna de vivir mi infancia en un barrio donde los solares y una que otra finca, eran nuestros vecinos inmediatos. Todo esto me permitió tener acceso a grandes espacios y mucha zona verde.

Fue El Recreo mi barrio cuando Infante, y finalizando la década del 70, en aquella época, este quedaba a las afueras de Cartagena, Colombia. Rodeado de inmensos campos y naturaleza agreste.

Hoy en día, el desbordado crecimiento demográfico ha quitado aquellos espacios.

Recuerdo levantarme muy temprano los sábados en la mañana. Sin bañarme aún, procedía a colocarme los jeans viejos y desgastados destinados para la tarea. Una botas tenis, y el primer suéter que atrapara mi mano cuando la oscuridad de la madrugada aún persistía. Era mi uniforme de cacería.

Organizaba con mucho esmero mi equipo. Una carabina Remington calibre 22 (regalo de mi padre a los 10 años, como reconocimiento por el responsable manejo dado a un rifle de diábolos que la antecedió), un cuchillo de cacería marca Bowie con hoja de 30 centímetros y cacha de madera, una cantimplora con jugo de naranja que mi madre con esmero dejaba lista desde la noche anterior, y unos binoculares. Estos últimos en realidad nunca los utilizaba, pero eran pieza indispensable para la película que mi prolifera imaginación infantil inventaba cada fin de semana.

Recuerdo un día en especial; antes de salir para mi safari infantil, mi madre me detuvo para encomendarme con una tierna oración. Juntos dijimos la plegaria. Al salir de casa y adentrarme en el monte, la neblina presente se divisaba por encima de los pastizales. Parecía como si un pedazo de cielo hubiese caído sobre los campos. Era una imagen muy espiritual, de hecho, ese día me sentí especialmente espiritual.

Me gustaba mucho ir a la finca que estaba a solo dos lotes de mi casa. La llamábamos "Los Mamones", esto era por la abundancia de estos frutales en la misma. El propietario, señor Numa Pompilio, era amigo de mi padre y me permitían el ingreso sin anunciarme.

Era un verdadero deleite estar allí. Percibir el aroma de la vegetación humedecida por el rocío aún presente. El trinar de los pájaros que recién comenzaban el día, el olor lejano de leña encendida en alguna cocina, y la frondosa vegetación arropada por la niebla.

Cuando caminas distraído entre árboles y matorrales, el ruido repentino y atemorizante de cualquier animal en fuga, sorprendido por alguno de tus pasos es frecuente. Todo esto hacen del momento una verdadera aventura.

A uno de sus costados y muy cerca de la carretera, este fabuloso predio tenía unas bongas de gran altura. Estaban cubiertas de manera protectora en la base de sus tallos con enormes espinas. Qué placentero era sentarse a la sombra de cualquiera de ellas.

En estos inmensos árboles, camuflados entre sus espinas gigantes, habitaban unos pequeños insectos aferrados a sus raíces; los cuales en sus lomos lucían también, una enorme espina exactamente iguales a las de las bongas. Si tomas dos de estos bichos por las espinas y los colocas frente a frente, de tal manera que sus patas se rosen, se trenzan en una pelea interminable cual gladiadores. Y no paran, siguen de trifulca hasta que los separas. Imagino ha de ser por este comportamiento que les llaman "Gallitos finos".

Esta finca tenía un pequeño lago justo en el centro, donde hojas grandes y en formas de corazón flotaban imponentes en su superficie. Arbustos altos y matas de monte lo circundaban; y desde las ramas altas de los arbustos, largas lianas colgaban hasta el piso. Tan cercas unas de otras, que formaban una tupida cortina dificultando el paso.

Me sentía en una jungla. La humedad del piso, unida a la madeja de hojas secas y matas rastreras, hacían que caminar por esta superficie fuera una verdadera odisea. Los resbalones y una que otra caída siempre estaban presente.

En una de sus orillas, aquel lago tenía un frondoso árbol de mango. A sus ramas largas y gruesas, ágilmente me trepaba, y con sigilo, esperaba en estas por el anhelado trofeo de caza: torcazas, codornices, y muy de vez en cuando, algún conejo que llegaba a saciar su sed en el calmado cuerpo de agua. Era entonces cuando, haciendo gala de una excelente puntería, lograba cazarlos.

Aquel día en especial, cacé dos codornices y una torcaza de gran tamaño. Qué faena, era indiscutible que la plegaría de mi madre había surtido efecto.

Recuerdo tangiblemente mi regreso a casa muy emocionado. El sol ya había comenzado a despuntar, desplazando abruptamente la pertinaz neblina matutina.

Corría ansioso por llegar a casa. Atravesé matorrales y salté cercas alambradas. Era tal el desespero en llegar y mostrar mis logros, que, en un punto dado, al revisar mis trofeos de caza, angustiado noté la ausencia de la torcaza. El más grande y valioso. De inmediato detuve la marcha, regresé desalentado hurgando en el camino en busca de esta. Allí estaba, tirada a mitad del camino y a pocos metros de donde me había detenido. Otro hecho más atribuible a la plegaria.

Reanudé mi carrera hasta llegar a casa y ya en ella, de un solo empujón, abrí la puerta de manera imprudente. Mi padre, que leía el periódico sentado en la sala se alcanzó a sobresaltar. Pero cuando vio la emoción con la que enseñaba los frutos de mi cacería, con entusiasmo aplaudió mi logro. Fue un excelente momento, tengo la imagen viva de mi padre felicitándome con esmero; también lo recuerdo muy acucioso, instruyendo a mi madre sobre cómo debían ser preparadas las apetitosas viandas fruto de mi esfuerzo. Le dio tal importancia a mi hazaña, que solo ahora que también soy padre, entiendo y valoro su real intención. Me hizo sentir grande, útil y especial. Ese día fui proveedor.

Así de inmenso fue mi viejo.

Marino por un día.

En 1985, cuando recién había terminado el bachillerato, mi amigo de infancia Erich Kipke Luenga, consiguió empleo para mí en el buque de cruceros Royal Viking Sky. Él trabajaba desde hacía ya algunos años en este barco de bandera noruega, el cual, por demás, era uno de los barcos donde filmaban la antigua serie televisiva ochentera "El crucero del amor". De hecho, todos los barcos usados en la afamada serie eran propiedad de esta firma de cruceros.

Era una nave espectacular, de un blanco pulcro por fuera; y por dentro, un hotel cinco estrellas a menor escala. Fue un privilegio, al menos en esa época, poder conocer uno de estos gigantes, por eso, las pocas veces que Erich y barco arribaban al puerto de Cartagena, era un placer ir y darle una mirada a semejante nave.

Erich trabajaba como ayudante del chef, por eso, dentro del recorrido que nos hizo la cocina no podía faltar. En ésta todo era de gran tamaño; las mesas, utensilios, estanterías, todo en reluciente acero inoxidable.

Adentrados en el recorrido y ya en su puesto de trabajo, él, muy orgulloso de su labor, nos enseñó las descomunales ollas que le tocaba lavar. Erich siempre fue de avanzada, vivía un poco adelantado a nuestro tiempo; su forma de vestir, su manera de hablar, la música que escuchaba, en fin, imagino que su descendencia directa alemana tenía mucho que ver. Atribuyo a esto, su entereza de carácter, no cualquiera mostraba con orgullo el hecho de ganarse la vida lavando ollas.

Trabajar en uno de esos barcos era un sueño. Si bien era sabido que la tarea era ardua, los beneficios resultaban muy atractivos. La paga era ostensiblemente buena, además, era en dólares y prácticamente libre de gastos; el hospedaje y la alimentación, por obvias razones (los empleados vivían en el barco), estaban incluidos. Se trabajaba ocho meses de corrido y descansabas dos. Cuando llegaba el tiempo para salir a disfrutar de tus vacaciones, la empresa de cruceros daba el tiquete para viajar, desde el lugar del mundo donde estuviera ubicado el crucero en aquel momento, hasta tu ciudad de origen; y viceversa cuando era tiempo de retornar a labores.

Eran famosos y estridentes los bacanales que organizaba mi amigo cuando arribaba a Cartagena de vacaciones, dos meses completos de total rumba. El dinero para él parecía brotar de manera inagotable.

Pasaba viajando y conociendo el mundo; se podía bajar y visitar las ciudades a donde llegaba el barco, siempre y cuando estuviera en su día de descanso. Las fotos y anécdotas del Erich, eran exageradas en número y calidad. Fue por todo esto que no dudé un instante en pedirle trabajo.

Casi al año de la petición, Erich me avisó que por fin había llegado el momento. Que sacara mi pasaporte, todo estaba arreglado para que, dentro de un mes, comenzara labores. El barco tenía incluido el puerto de Cartagena dentro de su ruta, y sería allí donde me embarcaría.

Los días pasaron rápido y por fin llegó la víspera del anhelado embarque. Unas hermanas amigas mías, muy especiales (Vicky y Gloria Martínez), organizaron mi despedida. Fue espectacular; amigos, licor y comida hasta el amanecer. Me acosté a las 10 de la mañana, y me tocaba abordar el barco, ese mismo día, a las 2 de la tarde. Mi ida era a escondidas, nadie en mi casa lo sabía. Lógicamente, al terminar el bachillerato, lo que todo padre espera es el comienzo de una carrera universitaria.

Sin que nadie lo notara, había sacado ropa con antelación y la había dejado guardada en la casa de un amigo. Me acosté a las 10:00 a.m. y me despertaron a la una de la tarde para acudir a mi cita laboral.

Mi cabeza daba tumbos. Mis ojos enrojecidos delataban el trasnocho, y un malestar generalizado recorría todo mi cuerpo en oleadas. La cefalea era poca pero constante, en verdad me sentía fatal. La resaca me azotaba sin piedad.

Me arreglé apresuradamente. Entre lágrimas, abrazos y buenos deseos, fui despedido por las Vicky's, (así les decíamos cariñosamente a este par de voluptuosas hermanas).

—Cuídate mucho, Dios te bendiga, en fin, todos esos buenos deseos de la gente que a uno lo quiere.

Llegué al puerto y allí estaba mi amigo esperando. Me hizo seguir y abordamos la nave. En un rápido recorrido me mostró el que sería mi camarote. Apenas vi esa cama, pequeña pero estrictamente arreglada, me dejé caer pesadamente sobre ella, sin descolgar siquiera el morral que traía ataviado en mi espalda. Enseguida Erich replicó y haciéndome levantar nos dirigimos a conocer a quien sería mi jefe, el sub-chef del barco.

—Prepárate Ivancito Páez, se acabó el hotel mami. Aquí se viene a trabajar carajo, y duro. Unas cuantas ollas te esperan para ser lavadas. Le escuché decir en medio de mi malestar.

Para mostrarme de qué estaba hablando, en el trayecto, pasamos por la cocina para que viera aquellas enormes ollas con las que Erich me había amenazado. Juro que habían crecido desde aquella visita inicial, cuando conocí este crucero meses atrás. Se veían enormes y desafiantes. Creo que por efectos de un ligero Delirium Tremens, hasta sentí que aquellas ollas me miraban. Nos alejamos de la cocina, pero, cada vez que giraba mi cabeza hacia atrás; allí estaban, esas gigantescas ollas aparecían atemorizantes.

—¿Y cuándo comienzo a trabajar Erich? Pregunté algo angustiado.

—Apenas zarpemos, mi estimado, ya te presento con el subchef. Contestó.

Y cual lámpara de Aladino, Erich que lo menciona y el señor que aparece. Girando en uno de los pasillos nos encontramos con él. Mi amigo nos presentó, hablaron italiano entre ellos un instante y: «Listo Ivancito Páez, por fin vas a saber lo que es ganarse la vida» sentenció Erich.

—Oye amigo Kipke (era su apellido) ¿Hay alguna posibilidad de que hoy me den el día libre?", pregunté esperando algo de compasión.

—¡Ni por el putas Ivancho! ¡Ni por el putas! Contestó Erich con total seguridad.

¡Santo Dios! Ya no pensaba en viajes, mares, ni en ciudades de Europa por conocer. Nada quería saber acerca de dólares, rumbas internacionales, hermosas extranjeras; solo pensaba en dormir. Mi mente turbada aún por algo de beodez solo veía mi acogedora cama de la casa; siempre recién hecha y en espera de mi llegada.

Aquel día de mi embarque, Erich estaba libre. Aprovechamos para salir a la ciudad amurallada, las cuatro horas que teníamos disponibles aquí en Cartagena. Mi trasnochada humanidad ya hacía parte de la tripulación. Mi morral estaba en el barco custodiando mi camarote. De verdad, estas amables personas me hicieron sentir uno de ellos inmediatamente.

Llegamos al centro histórico y nos quedamos en uno de los café-bar apostados en la plaza Santo Domingo. Dos italianos y un filipino eran nuestros acompañantes. Como buenos marinos libres y en puerto, comenzamos la infaltable ingesta etílica. Cerveza y whisky, a veces reposaban al mismo tiempo en la mesa ambas bebidas. Aquella resaca que tanto me había fustigado, ahora, había pasado a ser otra vez, la popular "prendida", "315" o ebriedad.

De regreso al puerto y aún en el taxi, el malestar, consecuencia del trasnocho, regresó aumentado por la nueva ingesta de licor. Las oleadas malévolas que antes recorrían mi cuerpo, ahora se estacionaban en mi cabeza. El movimiento del taxi resultó devastador, mi estómago comenzó a participar en aquella colección de malestares. Esto de ser marino no estaba resultando nada fácil.

Llegamos al puerto, y mientras caminábamos de regreso al buque, iba cavilando: «Debería estudiar la ingeniería mecánica que mi padre quiere, si me sentó mal el trayecto en el taxi, como rayos soportaré el movimiento del barco en mar abierto... ¡Carajo! ¿Será que podrá este barco parar en Bocachica, o Islas de Rosario si me arrepiento y quiero bajarme?».

Al acercarnos al buque, veo, desde lo lejos, apostada al pie de las escalinatas de abordaje a mi hermana Faride. Estaba con una amiga; sus brazos cruzados y rostro serio denotaban disgusto. Me miró con tono desafiante y dirigiéndose a mí dijo:

—¿Y qué te vas a embarcar hermanito? Sube, que te vaya bien.

¿Cómo carajos se habían enterado en la casa? Pensé sorprendido.

Comencé a subir las escalas mirándola bastante intrigado, los buenos deseos no eran concordantes con su cara de enojo y brazos cruzados. Cada vez que giraba mi cabeza y miraba, allí seguía ella; brazos cruzados, y hablando entre dientes con la amiga. Ambas con mirada fija sobre mí. Con una actitud tan segura no sé de qué.

Llegamos a la entrada del barco y el oficial de abordaje le preguntó a Erich quien era yo. Le explicó que era el nuevo ayudante de cocina. El oficial exigió mi credencial de tripulante, Erich le explicó que apenas ese día comenzaba labores, por eso aún no poseía el documento solicitado. Los italianos y el filipino se mostraron solidarios e intercedieron, pero aquel oficial escandinavo muy reacio, insistía en su negativa a dejarme abordar sin identificación como tripulante. Ya con algo de disgusto, Erich les pidió a sus amigos quedarse conmigo mientras él iba en búsqueda del sub-chef. A los pocos minutos regresaron, y comenzó un largo alegato entre el sub-chef y el oficial de guardia también. Yo no entendía una sola palabra; gesticulaban mucho, a veces subiendo el tono. El oficial me señalaba no con mucho agrado. Mientras yo, descendía en mi estado de ánimo, sumergido en aquella resaca que ahora se había apoderado de mí por completo. Hasta con ganas de vomitar.

Este problema con el oficial de la guardia me hizo pensar que este viaje no estaba resultando conveniente para mí. Estaba que huía al menor descuido.

Pero no fue necesario, ni los argumentos del sub-chef, ni la intermediación de mi amigo y colegas habían servido. Erich, algo desilusionado, me informó que no sabía que rayos había dicho mi hermana, pero que mi contrato laboral había terminado antes de comenzar.

Siendo sincero, me alegré. Eran las 5:30 de la tarde, mi cuerpo exigía hidratación y descanso. Comencé a bajar las escalinatas del barco y no fue ninguna sorpresa ver a mi hermana y amiga esperándome. Es más, tenía la certeza que allí estarían. Tomamos un taxi y nos dirigimos a casa sin pronunciar una sola palabra. Hoy en día, sigo sin saber que fue lo que ella hizo para sabotear mi embarque, pero lo agradezco.

Mi carrera como marinero estaba acabada. Había durado escasas 5 horas. De hecho, la despedida organizada por mis amigas había sido ostensiblemente más larga que mi incursión por los mares.

De mi fugaz carrera como marinero, solo habían quedado: ropa olvidada en el camarote de aquel barco, el recuerdo de una resaca monumental como pocas en mi vida, un par de amigas enojadas por una despedida que había sido más larga que la travesía; y la certeza de saber que, en la vida, todo lo que nos sucede, tiene un propósito, es para bien.

Viaje a Venezuela

En diciembre del 2007, viajé por negocios a Venezuela. Me fui por carretera en un extenso viaje de 10 horas desde Cartagena hasta Maracaibo.

Con anticipación y aprovechando la internet, ubiqué un hotel cerca de la terminal de autobuses de Maracaibo, e hice la reservación. Llegaba de noche y no quería arriesgarme a tomar un taxi, me habían hecho tantas advertencias acerca del orden público en Venezuela, que viajé algo paranoico.

Mi destino final era Punto Fijo en el estado de Falcón; ciudad en la costa del Caribe la cual, por ser puerto libre, era muy apetecida por los comerciantes.

Para llegar a Punto Fijo desde Maracaibo, hay que tomar unos taxis antiguos que salen de la central de abastos. Son la forma más rápida y "segura" de llegar. Aclaro, en Venezuela no hay ninguna reglamentación para prestar el servicio de taxi. Simplemente tomas un cartón, cartulina u hoja de papel cualquiera, escribes la palabra "TAXI", lo colocas en el vidrio delantero del auto y listo. Ya estás habilitado para prestar el servicio. Enseguida entendí porque en estos "Taxis", es donde mayormente roban a los incautos turistas.

El amigo que me estaba atendiendo en Maracaibo, queriendo tener un gesto amable conmigo, pagó los dos cupos delanteros del taxi para que viajara cómodo; sin la perturbación de estar pegado a un total desconocido por cinco horas seguidas. En el puesto delantero solo iríamos el conductor, mi pequeño equipaje y yo. Jamás imaginé lo atemorizante que esto resultaría.

Iniciamos el trayecto, y lo primero que noté es que el antiguo vehículo no tenía cinturones de seguridad. El conductor era un tipo joven de piel morena, alto y con una prominente barriga. Noté de inmediato su especial destreza para manejar y hablar por celular al mismo tiempo. Todo esto mientras el velocímetro no marcaba menos de 120 km/hora. Si, 120 km por hora, sin cinturones de seguridad, en un auto totalmente desvencijado, el cual, para rematar, vibraba tanto que alcancé a preocuparme por la permanencia de mis calzas dentales en su sitio.

En uno de los primeros episodios iniciando el viaje, se nos atravesó una pareja en una moto; les juro que alcancé a hundir el piso del carro con la frenada tan bárbara que yo pegué desde mi asiento de copiloto. El amable conductor notó esto y, con una sonrisa burlesca me preguntó: ¿Qué te pasó chamo, te asustaste"?

Con el fin de ignorar el evidente peligro, en el que, la buena intensión de un amigo me había colocado yendo en el puesto de copiloto; me propuse ignorar la ruta y concentrarme únicamente en el paisaje.

No se puede negar que la vista es espectacular. Desierto total. Solo visto por estos ojos provincianos en las películas. Enormes cactus en forma tridente y de un verde intenso a pesar de la aridez que los rodea. Dunas y dunas de arena roja que contrastaban con el azul intenso del cielo. Parecía una fotografía. El incandescente sol, reflejaba todo se esplendor en un mar verde esmeralda, que de vez en cuando, se dejaba ver a lo lejos en partes del trayecto. Indiscutiblemente una gran vista.

Pasamos largos momentos sin contemplar la más mínima muestra de civilización, y cuando creía que ésta iba a aparecer, cabras y uno que otro rancho, era lo más cercano a dicha palabra.

Comenzó a caer la noche y noté que el conductor no encendía las luces. Le pregunté acerca de esto, y respondió con esa misma actitud sobrada sostenida durante todo el trayecto: «Todavía está claro chamo».

—¡Qué!, estos venezolanos como que vienen con visión nocturna de nacimiento. Exclamó mi atribulado pensamiento mientras me hundía en la silla.

Seguí mirando el paisaje ya resignado de lo que Dios quisiera, cuando, captó mi atención unos grandes letreros de color naranja y letras negras, que, por la poca luz y alta velocidad no podía leer de una sola ojeada. Pero reto es reto, y me di a la tarea de descifrarlos. En realidad, poco me importaba lo que decían, era otra manera de distraer la mente e ignorar el traumático viaje.

Noté que los letreros coincidían con la aparición de unas torres gigantescas de alta tensión. Y como estaban alineados al trayecto de estas, pensé, debían decir algo referente a las mismas.

—Estrategia, me enfocaré en tratar de leer línea a línea, y de esta manera, descifrar lo que dicen.

Y comencé: … "Peligro", ¡Eso! Leí con emoción. La primera línea dice peligro en letras grandes. Seguro es por el alto voltaje.

Con calma esperé la aparición del próximo letrero y, mentalmente, me programé a leer solo la segunda línea.

"Animales" … uao, casi logro leer la línea completa. Bueno, pero ya sé que empieza con la palabra animales. Jajaja, ya sabía que estos letreros no me ganarían.

Luego, en el siguiente cartel… "Animales en …"

¡Qué!

No lo podía creer. Era terrible lo que enunciaban los carteles:

¡Peligro – Animales en la vía!

Jamás había sentido tanto temor real de la muerte. No era para menos: 120 km por hora, 6:40 de la tarde, en un auto destartalado, luces apagadas, sin cinturón de seguridad, y una advertencia de animales en la vía. Por dios, en la vía y al volante también. ¿Qué podría ser peor?

Llegamos a Punto Fijo a las 8:30 p.m. Resultó ser más provincial que la metrópolis comercial que yo imaginaba. A esa hora, no había hotel disponible y me tocó dormir en un motel de poca monta, donde, a pesar de no creer en fantasmas ni apariciones, los lamentos y quejidos me mantuvieron despierto gran parte de la noche. Le di gracias a Dios de estar vivo. Insomne, pero vivo.

Al día siguiente, caminando las atestadas calles de Punto Fijo dedicado a mis compras, de repente escuché a lo lejos alguien gritar mi nombre: ¡Douglas Páez! La verdad me sorprendí, me parecía poco probable que alguien en estas latitudes me conociera. Al voltear, grata sorpresa, era Juan Carlos Páez, compañero de clases y egresado también de Comfenalco. Resaltaba entre la multitud por la pantaloneta larga y a cuadros que usaba. Fue grato encontrarlo, nos saludamos, charlamos un rato y después cada uno siguió su camino.

Terminé mis compras y noté que todavía me quedan algunos devaluados bolívares. No era negocio regresar con esta moneda a Colombia, por lo que busqué en que invertirlos. Decidí que usaría todo lo que me quedaba de dinero en un solo artículo. Escogí que sería un televisor LCD de 32 pulgadas. Costaba tres millones seiscientos mil bolívares de la época, un precio muy atractivo teniendo en cuenta el cambio.

Al momento de pagarlo, la dependiente me informó que iba a registrar la compra solo por tres millones quinientos mil bolívares; haría esto para que la aduana de Venezuela no me pusiera problemas al salir.

—Es que en Punto Fijo no se permiten compras superiores a tres millones quinientos mil por persona. Termino diciendo la dependiente del almacén.

—¡Que! ¿Y hasta ahora me entero de esto?

Me sentí angustiado. Ya había comprado 2 portátiles, 12 cámaras digitales y un equipo de sonido para autos. Ninguno de los dependientes donde hice las compras me informó al respecto. Tampoco hay un cartel que haga alusión a dicha ley en toda la pequeña población, ni hay isla de información para compradores, turistas y/o visitantes. Pregunté apenas llegué por un puesto de información, y me quedaron viendo como bicho raro.

Terminé mis compras como a la 1 p.m., y después de conseguir un buen hotel donde quedarme y guardar mis cosas, me dediqué a conocer Punto Fijo. No fue tarea muy larga, tiene a las afueras lo que dicen es una de las refinerías más grande del mundo. Hay también unas playas hermosas desde las cuales puedes, en tan solo pocos minutos en lancha o ferry, llegar hasta Curasao.

Entrada la noche llegué a un centro comercial que está ubicado a la salida para Maracaibo. Es espectacular, grande y hay en este un excelente restaurante especializado en frutos del mar. Fue allí donde, con un excelente "Festival de Mariscos" como cena, terminé mi noche.

Al día siguiente procedí a buscar transporte para Maracaibo. No fue tarea fácil, me levanté tarde y era domingo. Me di cuenta de que, otra vez, había sobredimensionado mis expectativas de metrópolis comercial de Punto Fijo.

Sentado sobre una de mis cajas en una esquina cualquiera del centro de comercio, después de hora y media de infructuosa búsqueda, se detuvo frente a mí un auto rojo. Era nuevo y lujoso, dentro de el observé a una pareja. El conductor con una seña me pide que me acerque. El tipo tenía buena apariencia, 28 años aproximadamente blanco y hablaba con cortesía; la chica, de unos 23, visiblemente embarazada. Me preguntaron si era yo la persona que buscaba transporte para Maracaibo. Estábamos cerca del mediodía, me preocupaban las cinco horas de viaje y llegar de noche con toda esta mercancía a la peligrosa Maracaibo. Sin mucha precaución, dejándome llevar por sus apariencias y mi instinto, respondí que sí. Arreglamos precio, montamos mis compras y arrancamos.

Al subir, ellos notaron que me coloqué el cinturón de seguridad. El conductor, tratando de ser amable me aconseja:

—Cónchale chico, quítate eso, si nos accidentamos y se incendia el carro vas a morir calcinado.

No le presté atención y seguimos.

Eran personas agradables y educadas, veníamos conversando amenamente. Ya en la salida del puerto y próximos al CADIVI (entidad de aduanas en Venezuela de aquella época), el joven se detiene y me comenta:

—Rápido chamo, ayúdame a acomodar bien tu mercancía y la mía; de lo contrario, estos policías aduaneros nos joden. Y empezó a sacar una cantidad de botellas de whiskey Buchanan Máster, que traían escondidas debajo de los puestos delanteros. Y lo peor, comenzó a acomodarlas entre mis cosas. Ocuparon todo espacio disponible dentro del auto. La verdad, a estas alturas del camino y con ganas de salir rápido, no hice objeción alguna; por el contrario, los ayudé a esconder parte del whiskey entre mis cajas.

Llegamos al puesto de control a la 1:20 p.m. La fila de autos era extensa, me bajé y procedí a observar cómo estos funcionarios hacían las requisas. Quería observar que tan riguroso era el control.

Noté que, en uno de los carriles, había un funcionario blanco, alto y con notable sobre peso. Tenía cara de bonachón, y pensé, este es el nuestro. Este gordito debió haber almorzado hace poco, es la 1:30 de la tarde, sol inclemente, día caluroso, recién almorzado, tiene sueño; en fin, todo esto debería redundar en un control más ligero. Además, observé que ese carril fluía más rápido, corroborando esto un poco con mi teoría de que, éste gordito bonachón, estaba más lapso con la requisa.

Regresé apresurado al auto, le expliqué mi análisis al conductor y lo hice cambiar al otro carril donde estaba revisando el gordito.

Llegó nuestro turno, el gordito nos pidió nuestras identificaciones y las facturas de todo lo que habíamos comprado. No nos hizo bajar del auto, solo miró por entre las ventanas de éste. El grueso personaje usaba una gorra azul que era parte del uniforme, y con su mano derecha puesta en la visera, trataba de extenderla y lograr más sombra.

Desde la ventanilla del auto, comencé a pasarle mi pasaporte y facturas. Empecé con las de menor valor, él le estampó el sello de aprobación y me la regresó. Luego le pasé otra, hizo lo mismo. Cuando le pasé la factura de las cámaras, me advirtió: —cónchale, chico, ya aquí te estabas pasando del monto permitido; pero de igual manera estampó el sello y prosiguió. Yo, con algo más de ánimos, le pasé la factura del equipo de sonido para autos; volvió a reprochar, esta vez más acentuado: —coño, chico, ya aquí te pasaste. Pero igual que a las anteriores, estampó el sello. Al ver lo laxo que estaba este uniformado, y creyendo que estos sellos me legalizarían el total de lo comprado, le pasé la factura del televisor, sin pudor alguno. SI, esa misma en la cual, el solo valor de ella copaba el monto permitido de compras en Punto Fijo.

El grueso personaje exclamó:

—! Cooooño de tu madre chicooo! Con esta factura… ¡Me matasteee!

Y estampó el sello con tal fuerza, que pensé traspasaría la factura, mi pasaporte y su mano; para después entregar todos mis documentos diciendo:

— ¡Por aquí no vuelvas más nunca chico!

Este fue su último reproche. Sosteniendo su gorra por la visera, y batiendo su cabeza dentro de ella, indicó al guarda que nos dejara seguir.

—Uao Colombia, que cerca estuvimos chico, tú eres la verga. Gracias a ti pasamos todo. Dijo visiblemente nervioso, el joven conductor.

Reanudamos la marcha, y otra vez la misma recomendación del conductor, acerca de quemarme vivo, cuando notó que me puse el cinturón de seguridad. Lo volví a ignorar.

A mitad de camino y justo frente a nuestra panorámica, uno de esos taxis viejos (igual al que me había venido) se accidentó de frente contra un bus. Fuimos testigos de toda la escena. El conductor salió disparado y rodando como pelota humana por todo el pavimento justo frente a nosotros. La oportuna reacción de nuestro conductor evitó el atropellamiento de este pobre individuo. Fue una escena terrible. Nos detuvimos un rato, debo reconocer que permanecí en el auto con la esposa embarazada del conductor. Para ella y para mí, con lo que ya habíamos presenciado del accidente había sido suficiente.

Reanudamos la marcha y les advertí a ambos, acerca de la importancia de los cinturones de seguridad:

—Si ese conductor hubiese traído puesto el cinturón, no habría salido disparado del auto, y, por ende, ahora continuaría con vida.

La primera en colocárselo fue la chica, a quien me tocó indicarle cómo hacerlo. El joven conductor pretendía que le indicara como usarlo mientras seguía conduciendo. Lo hice detener la marcha y le enseñé. Y reanudamos, ahora si todos con los cinturones puestos.

A escasos minutos de haber iniciado el retorno una vez más, observé que el joven había soltado su cinturón de nuevo. Luego lo volvió a enganchar; inmediatamente después lo volvió a soltar, luego lo volvió a asegurar. Al intuir que iba a seguir con este extraño comportamiento mientras nos conducimos por esta vía de alto riesgo, le pregunté acerca de que diablos estaba haciendo con el cinturón de seguridad. Él, muy asombrado, y con cara de regocijo me comentó:

—Nojoda Colombia, por fin he dado con el significado de esa extraña luz roja en el tablero de mi auto, y que jamás se apagaba. Emocionado acababa de descubrir que, aquella luz roja que permanecía encendida en el tablero de su auto indicaba que el cinturón de seguridad no estaba siendo utilizado.

Era un auto recién adquirido, un Dodge Neón del año. Y yo, sin proponérmelo, acababa de resolver un misterio para este chico; así él lo acababa de admitir. Es más, me narró cómo, a pesar de haber ido a talleres especializados y centros de servicios en Punto Fijo, ningún ingeniero había dado con la funcionalidad de dicha luz siempre encendida. Y remató diciendo: «yo si sabía que debía ser de alguna advertencia, porque rojo siempre es peligro, aquí y en toda la bolita del mundo».

—Mira Colombia, mis respetos chamo, ustedes son muy inteligentes. Concluyó diciendo.

La verdad no me sentí inteligente, más bien intuí que, en el vecino país, no son muy dados a leer manuales. Ni de autos ni de nada.

Tranquilamente me acomodé en mi asiento, recosté la cabeza a la ventanilla, y contemplando el paisaje desértico y marino a lo lejos, permanecí en absoluto silencio por el resto del camino.

La seño Triny

Mis primeros años escolares (párvulo – 1970) fueron donde la "Seño Triny". Colegito de barrio ubicado en la urbanización Santa Mónica en la ciudad de Cartagena de Indias. Este, constaba con una sola aula, la que también era la sala, de la casa de los propietarios de la pequeña institución educativa.

Solo tenía dos empleados. La directora, profesora, secretaria, asistente de baño y aseadora: la seño Triny. Mujer blanca, simpática y con apariencia del interior del país. Su esposo (el otro miembro del cuerpo docente), panadero de profesión, y profesor de educación física e inglés por rebusque. Ellos dos eran los encargados de la atención y cuidado de aproximadamente 10 o 12 niños.

Las clases terminaban al medio día, y mientras nos venían a recoger, la seño Triny nos sacaba a la terraza y aprovechábamos ese valioso tiempo para jugar a lo primero que se nos ocurriese. Cierto día, mientras jugábamos correteándonos los unos a los otros, a mi compañerito de clases, Edwin Salcedo Vásquez, se le salió uno de sus zapatos. Yo, de esa manera instintiva e irreflexiva que caracteriza a los infantes, lo tomé y lo arrojé al tejado de la pequeña casa escuela.

A Edwin esto para nada lo mortificó, por el contrario, seguimos jugando como si nada; él, con un pie calzado y el otro en plantilla de medias.

A Edwin lo recogía su hermano mayor. Iba en una camioneta grande de color rojo oscuro y de estacas metálicas en la parte trasera. Eran ellos los dueños de un taller llamado el Palacio del Radiador. Cuando a Edwin su hermano le preguntó por el otro calzado, este le informó, con esa sonrisa amplia que siempre le ha caracterizado y la cual deja ver parte de sus encías, que estaba en el tejado. Que yo allá se lo había tirado.

Lógicamente, el hermano no estaba preparado para este imprevisto, por lo que llamó a la seño Triny y le solicitó una escalera para superar el pequeño impase. Recuerdo al hermano de Edwin (un hombre de gran estatura y grueso) trepando por la escalera. Edwin y yo nos mirábamos y reíamos por la dificultad con la que él subía. Ya ubicado en el extremo superior y ad-portas del tejado, levantó su rodilla derecha y cuando trató de alcanzar el techo, la escalera se deslizó un tris, sobre el repello que no estaba pintado en lo más alto de la pared. Imposible olvidar aquella cara de susto de este señor, y la hilaridad que esta produjo en todos los chicos que muy atentos seguíamos el rescate.

Con algo de esfuerzo por fin el calzado fue rescatado. El corpulento hombre emprendió el descenso, el cual fue tan gracioso para nosotros como había sido la subida. Es que lo hacía con algo de esfuerzo y lentitud.

Cuando estaba a mitad de la escalera, y con el fin de bajar más seguro usando ambas manos, el hermano de Edwin soltó el zapato para dejarlo caer al piso. Inmediatamente miré a Edwin, y otra vez, sin dudarlo un instante, tomé el calzado y nuevamente lo lancé al tejado. Querida obtener una repetición instantánea del divertido rescate.

No sé si fue por pena o temor, pero la seño Triny quedó enmudecida. Jamás podré borrar de mi mente, la cara de este corpulento hombre cuando, ya con ambos pies en tierra, preguntó por el calzado, y una seño Triny notoriamente avergonzada, le informó que este nuevamente estaba en el tejado.

Cuando el nuevo rescate terminó, la seño Triny, muy seria, me pidió que le prestara mi cuaderno; y comenzó a escribir una larga nota. Yo seguí alegremente correteando con el resto de los compañeritos, pero llamó mi atención lo larga que estaba siendo aquella nota. Como aún no sabía leer, me acerqué y le pregunté: ¿Seño Triny, y que tanto escribe en mi cuaderno?

—Lo bien que te portas aquí en el colegio Ivancito, a penas llegues a casa, le enseñas esta nota a tu mamá. Respondió algo seria.

Y así lo hice, apenas me bajé del auto, salí corriendo con mucha alegría, y sin saludar siquiera a mi madre, con desespero hurgué entre mi maletín y saqué aquel cuaderno diciendo:

—¡Mira mama! La seño Triny mandó una nota que dice lo bien que yo me porto en el colegio.

Duré dos semanas castigado, en pijamas y sin salir a ninguna parte.

Recuerdo a mi padre tenuemente sonreído, con la mano a un lado de su mejilla a modo de secreto, diciendo en voz baja a mi madre:

—¡A este carajo lo han expulsado del parvulito!

Mitos urbanos en la Cartagena de los años 80.

Recuerdo que, a mediados de los años 80, comenzó a circular en nuestra Cartagena histórica de mitos y leyendas, el rumor de que un mono o mico, se aferraba a las espaldas de las personas sin poder ser despegado.

Argumentaban los rumores de la época que, a una bella adolescente, el siniestro animal se le había aferrado al cuello y cabellos, de tal manera, que esta se encontraba recluida en el hospital universitario donde galenos y facultativos trataban la inusual emergencia. Después supimos que todo había sido producto de la fantasía colectiva de la Cartagena de aquellos tiempos.

Otro mito muy sonado, fue el de un enano diabólico que acechaba y perseguía a sus víctimas en las zonas oscuras, a altas horas de la noche.

Este último me tocó a mí padecerlo de manera directa. Fui víctima del siniestro personaje de baja estatura.

He aquí el relato:

Mi infancia y casi toda mi adolescencia la viví en el barrio El Recreo. Este queda cerca del antiguo pueblo y hoy barrio llamado Ternera. Queda el Recreo justo frente al cementerio Jardines de Cartagena.

Por allá por los años 83 u 84, este hermoso y campestre barrio, estaba a las afueras de la ciudad. Y para llegar a él, debíamos atravesar sectores enmontados de lado y lado. Es más, apenas llegábamos al semáforo del Biffi (hoy SAO La Plazuela), los lotes y solares enmontados eran la constante. El SAO y barrios circundantes no existían. Era un potrero inmenso que colindaba con el barrio Santa Mónica, y bordeaba toda la margen izquierda, a la entrada a los barrios San Pedro, Socorro y Blas de Lezo.

Volviendo a la ruta que va del semáforo del SAO hacia El Recreo, San Fernando y Ternera; después del barrio La Concepción y frente al cementerio —en aquella época— no existía una sola casa. Todo era monte; era la finca de don Numa Pompilio; amigo de mi padre y de quien no recuerdo el apellido.

En las horas de la noche, en este sector reinaba la oscuridad. Recuerdo que siempre causaba temor el regreso a casa por las noches, ya que debíamos pasar por el cementerio y en total penumbra.

Estando el cuento del enano en pleno furor, cierta ocasión regresaba yo tarde de cine. No podían ser más de las doce de la noche. Poseía para aquel entonces un Jeep Viasa tipo Comando, el cual, en épocas de vacaciones, lo usaba sin la capota de lona o carpa que servía de techo. De esta manera, se hacía más vistoso y atractivo a las apetecidas cachacas que inundaban nuestro corralito, en las vacaciones de mitad de año.

Tendría escasos 16 años. Aquella noche que regresaba del cine, cuando terminé de pasar los barrios de Santa Mónica y La Concepción, divisé a lo lejos, la figura de un pequeño hombre o niño caminando por la mitad de la avenida justo frente al cementerio.

Detuve la marcha de manera inmediata. Muy pensativo y desde la distancia, me incorporé dentro del auto, y ya de pie, asomado por encima del parabrisas, lo observé con total claridad. Era un enano, el temido enano; o por lo menos un niño. Pero ¿Qué rayos podría hacer un niño a esas horas de la madrugada deambulando solo? Y frente al cementerio. No señor, ese era el enano. No cabía ninguna duda.

Sigiloso, desde la distancia y sin sobrepasarlo nunca, dejé que la pequeña figura siguiera andando. El avanzaba y yo, a prudente distancia, aceleraba el auto a marcha mínima siguiéndolo.

Pensé, como yo voy para el Recreo, apenas este pequeño sujeto pase la entrada de mi barrio, yo, raudo y veloz, entro por mi calle, llego a mi casa y me acuesto de unas.

O desagradable sorpresa, la pequeña figura desvía su andar, y dobla exactamente por la misma calle por donde yo debía entrar. No lo podía creer, era el enano diabólico; y ya sabía dónde vivía yo. Pensé angustiado.

Hubo un breve instante en el cual la pequeña figura desapareció de mi visual, fue cuando dobló por mi calle, venía yo aun por la avenida, frente al cementerio.

Aceleré y me detuve en la entrada del barrio, y desde la avenida, pude observar donde iba la pequeña figura adentrándose por mi calle, pero lo reconocí. Justo cuando pasó por una de las luminarias de los postes, lo distinguí. Era un chico varios años mayor que yo, residente del barrio también, quien por algún problema de crecimiento no había alcanzado la talla normal. No recuerdo su nombre, pero sí muy claramente que vivía en la calle cuarta, y era hermano de un chico con Síndrome de Down, muy amable y querido por todos en el barrio llamado Robinson.

Ya con la seguridad de saber quién era, aceleré mi auto, lo alcancé y le dije:

—No tienes idea del susto que me has dado. Viéndote andar a estas horas, y con el dichoso cuento que hay de un tal enano asesino apareciendo por allí.

A lo que él puntualmente respondió:

—¡Usted a mí también me ha asustado! No tiene idea de lo incómodo que venía. ¿Cree que es muy fácil caminar, a estas horas de la noche, por todo lo largo y ancho del cementerio, con un auto detrás siguiéndote a regular distancia?

Un vuelo casi fatal

Comencé a laborar para Hocol S.A. en octubre de 1989. Esta era una petrolera americana recién adquirida por compañías Shell de Holanda. Estaban recién llegados a la ciudad de Cartagena y de esta empresa, poco sabíamos o teníamos conocimiento.

Ingresé a dicha petrolera, referenciado y recomendado por Mónica Abello, excompañera y amiga en Amocar S.A., empresa encargada de elaborar amoniaco para la producción de abonos y fertilizantes agrícolas. Fue en ésta donde realicé mis prácticas estudiantiles de Tecnología en Sistemas a mediados de 1987.

Para ingresar a Hocol, me tocó renunciar a La Siderúrgica Del Caribe (fue esta empresa mi primera experiencia laboral), recuerdo que, al anunciar mi retiro, mi jefe de la época, Nicanor Espinosa, me advirtió lo riesgoso que era dejar una empresa reconocida e importante como la Siderúrgica del Caribe, por la aventura que estaba por emprender con la nueva petrolera. Además, en esta siderúrgica, con escasos 21 años, era yo el encargado de liquidar la nómina, lo que me auguraría un ascenso rápido y seguro.

Dejándome llevar por mi instinto, y teniendo en cuenta que mi sueldo fue literalmente duplicado, ingresé a la petrolera sin mayores miramientos.

Estando en plena inducción empresarial con mi nuevo empleador y como requisito de éste, debimos viajar en uno de los 3 chárter que tenía la empresa a su servicio exclusivo. Iríamos a la ciudad de Neiva, en el departamento del Huila, como parte del programa de inducción. Era un jueves, el viaje demoraba dos horas desde Cartagena y regresaríamos el mismo día al finalizar la tarde.

En pleno vuelo y a escasos 20 minutos de llegar a la capital del Huila, la cabina del pequeño bimotor, con capacidad para 15 pasajeros, súbitamente comenzó a llenarse de humo. Este salía abundantemente por los ductos del aire acondicionado, todos a bordo entraron en pánico. Yo, al ver que el vuelo transcurría sin sobresaltos, ni descenso repentino, tranquilamente esperé a que nos informaran acerca de lo que estaba sucediendo. La azafata entró a la cabina de los pilotos y les informó acerca de la inusual situación. El ingeniero de vuelo recorrió el pequeño aparato inspeccionando todo y pidiéndonos calma, luego regresó a la cabina con los pilotos. Yo, algo inquieto, observé que la presencia de humo persistía. De repente, un sudoroso ingeniero de vuelo regresó; su rostro lucía palidez extrema, sus ojos, ostensiblemente abiertos, evidenciaban pánico y desespero. Presuroso recorría en busca del origen del humo, yo, al ver el rostro descompuesto de este señor, entré en pánico también. Pensé, si este individuo, entrenado e instruido para este tipo de situaciones estaba así de angustiado, la caída de la pequeña aeronave era una gran posibilidad.

A los pocos segundos el humo comenzó a disiparse. El ingeniero y la azafata, ahora más relajados, nos informaron que la situación ya estaba controlada, nos pidieron alistarnos para el aterrizaje en la ciudad de Neiva.

Al aterrizar, varios de nosotros muy angustiados, preguntamos acerca del regreso. La azafata —una chica joven, rubia y muy atractiva—, nos informó que el avión quedaría para revisión en Neiva, y otro chárter vendría desde Bogotá por nosotros para finalizar el trayecto. Bajamos tranquilos.

Estuvimos en Neiva y recorrimos algunos pozos petroleros de la compañía. Visitamos varias instalaciones y una refinería. Almorzamos en el club que Hocol S.A. tenía en dicha ciudad, y que, si mal no recuerdo, se llamaba "Andaquíes". En éste pasamos el resto de la tarde hasta la hora de regreso.

Ya en el aeropuerto y al darnos cuenta de que el regreso sería en el mismo avión, todos nos reusamos a abordar. La inútil insistencia del piloto e ingeniero de vuelo, por convencernos de que había sido un daño menor, en una de las mangueras hidráulicas, no nos convencía. Hasta que aquella hermosa azafata, con una sola intervención nos persuadió a todos:

—A ver mis amores, ¿Ustedes piensan que nosotros los de la tripulación somos suicidas? Pues no, yo quiero vivir ¡Y quiero regresar a mi casa ya! Los invito a abordar por favor, subió las escalas metálicas de la aeronave y nos comenzó a esperar en la puerta.

Este argumento, totalmente válido y acertado, nos convenció. Abordamos, unos más preocupados que otros, pero abordamos; y emprendimos el feliz regreso sin contratiempos. Cabe anotar que la infaltable existencia de whisky, que siempre había en el pequeño aparato, fue agotada.

Llegamos sin contratiempos aquella tarde a Cartagena.

Este azarado vuelo lo realizamos un jueves. El martes siguiente y realizando la misma ruta Cartagena-Neiva, la pequeña aeronave se precipitó a tierra. Cayó en las montañas que rodean el aeropuerto de Neiva, pereciendo toda la tripulación (piloto, ingeniero de vuelo, y aquella hermosa y valiente azafata) varios ingenieros de Hocol también perecieron. Entre ellos, un compañero del mismo departamento donde yo laboraba; Proyectos.

Los buenos de mi tierra.

En diciembre del 2016, me encontraba con mi familia de paseo por Boyacá – Colombia. Pasamos por Aquitania, hermosa población a orillas de la laguna de Tota, ampliamente reconocida por su alta producción de cebolla larga. Situada a 3030 metros sobre el nivel del mar, 13 grados centígrados de temperatura y hermosos paisajes circundantes.

Decidimos llegar a un estadero ubicado en los alredededores de la laguna, el cual, por estar construido sobre una pronunciada pendiente, ofrecía una de las mejores vistas del lugar.

Después de degustar una deliciosa y típica trucha mariposa, al ajillo; decidí levantarme de la mesa para disfrutar de un habano Cohiba en la terraza del establecimiento que da para la laguna. Fue placentero sentir la brisa fría recorrer mi rostro, enrojecer mis mejillas, aspirar de manera pausada mi habano, y simplemente contemplar en silencio, aquella porción infinita de aguas transparentes rodeada de flora natural y cultivos.

Queriendo explorar el resto del lugar, me dirigí a la entrada principal del sitio. Al salir, una señora rubia, alta y bonita; muy divertida, se reía y comentaba alguna situación recién acontecida, con una chica —evidentemente lugareña— que vendía obleas en la entrada del restaurante.

Intrigado por el suceso y con ganas de entablar conversación, les pregunté acerca de que se reían de manera tan animada. La chica de las obleas, con marcado acento campesino y mucha espontaneidad respondió: «el esposo de la señora, la dejó aquí olvidada».

Con cara de asombro, pero esbozando una amplia sonrisa, le pregunté a la afectada como había podido ocurrir semejante olvido. Ella lo narró:

—Imagine usted, venimos de paseo toda la familia, y como mi suegra es de avanzada edad, para más comodidad viene sentada en el puesto delantero, al lado de mi esposo. Al momento de irnos del restaurante, todos subieron a la camioneta, y yo, antojada de una oblea, me vine a comprar y por lo visto nadie notó mí ausencia. Y se marcharon.

De verdad era una situación muy graciosa. También me reí con desparpajo.

Haciendo gala de ese repentismo tan característico de nosotros los costeños, le pregunté:

—¿Goza también su esposo de éste exquisito sentido del humor que usted tiene?

—Si claro, él es genial. Respondió ella con total naturalidad.

—Le propongo lo siguiente; ahora que él regrese, y si además de tener buen humor, tampoco es celoso, usted va a estar tomada de mi brazo y le dirá: «Amor, como evidentemente te habías olvidado de tu mujercita, yo, algo decepcionada, ya empezaba a mirar opciones».

Y así lo hicimos, fue un momento genial, de esos que por siempre perduran en nuestros recuerdos.

Ella me tomó del brazo y no fue necesario esperar mucho, la camioneta regresó apresurada, pero el esposo conductor, apenas nos vio, con una inmensa carcajada se nos anticipó diciendo:

—Pero carajo mujer, ¡Qué corto ha sido tu duelo!

Se bajó de la camioneta, muy cortés abrió la puerta y la invitó a subir. Riéndose con nosotros y diciendo adiós, toda aquella hermosa familia se marchó.

Yo, por el contrario, un rato más estuve con la chica vendedora de obleas esperando a que los míos terminaran de comer. Riéndonos y comentando la pequeña obra de teatro que acabábamos de improvisar.

Cuando mi familia salió, intrigados preguntaron acerca de que nos reíamos con tal gracia. Pero no les quisimos contar. —Por allá cuando hayan avanzado unos cuantos kilómetros les cuenta vecino. De manera irónica y con mucha gracia, se pronunció la linda campesinita. Y nos marchamos.

A escasos diez minutos de haber partido y ya en plena carretera, recordé que, mientras me divertía y charlaba con estas amables mujeres, había colocado sobre la mesa de venta de las obleas, mis lentes con su estuche y mis llaves; por lo que le pedí a mi sobrino (quien venía conduciendo) regresáramos inmediatamente a buscarlos.

A los pocos minutos de regreso y cuando un Renault 9 de color rojo nos cruza de frente, mi sobrino afanado comentó: «tío, ellos lo tienen» y detuvo la marcha.

Ambos vehículos se estacionaron a orillas de la vía y retrocedieron un poco.

Del Renault rojo descendió la amable vendedora de obleas, se acercó con mis objetos olvidados en sus manos, y esbozado su hermosa sonrisa me los entregó diciendo: "Veci (uso diminutivo y cariñoso de la palabra vecino), nos estaba dejando este recuerdito".

Me bajé de la camioneta y estrechando a este hermoso ser entre mis brazos, le agradecí el detalle de habernos perseguido, para devolver lo olvidado en su puesto de trabajo.

¿Cómo supo mi sobrino conductor que ellos llevaban mis objetos? Muy sencillo; cuando nuestros autos se encontraron en la vía, la chica levantó el estuche de los lentes y los agitó afanosamente por el parabrisas, llamando de esta manera nuestra atención.

Que gesto tan hermoso. Que amabilidad, que ejemplo de servir al prójimo. Esta noble chica, había hecho movilizar el auto de su compañero, y regalándonos parte de su tiempo y combustible, para ir detrás nuestro a devolver lo olvidado. Dejó su negocio de obleas encargado quien sabe a quién, todo por hacer y cumplir con lo que debe ser. Todo, por actuar y hacer el bien.

Rafael, un vendedor especial.

Desde que vivo a orillas del mar Caribe en mi Cartagena de Indias, he aprendido a reconocer y diferenciar las distintas clases de pescados. Identifico perfectamente el pargo rojo ojón, el pargo rojo normal, el róbalo y la corvina. Todos los anteriores de carne blanca. También aprendí a reconocer el jurel, el lebranche y la cojinúa. Especies de carne más oscura, pero igual de deliciosa.

Los de carne blanca, los cocino a fuego lento en una sartén tapada; agregándoles algunas especies, aceite de oliva y sal. En cambio, el jurel, prefiero fritarlo —totalmente sumergido— en aceite caliente. Menos saludable quizás, pero es así como me gusta.

Pero lo que realmente quiero resaltar es lo especial que es este vendedor de pescados. Su nombre: Rafael, y es él quien me ha instruido en esta nueva destreza de reconocimiento de especies.

La segunda vez que llegué a su puesto a comprar los apetitosos peces, deliberadamente entregué $5000 pesos demás y procedí a marcharme rápidamente. ¡Oh sorpresa agradable!, inmediatamente y casi que, por instinto, Rafael llamó mi atención y devolvió lo que no le pertenecía. Era honesto, segundo punto a favor.

Desde mi ventana puedo observar el puesto de ventas de este señor a regular distancia. Él, lo ubica adyacente al paradero de Transcaribe que está frente al edificio que habito, en plena avenida Santander, sector Marbella. Coloca sus pescados en el mismo muro donde todas las tardes, veo largas hileras de personas sentadas a la espera de uno de los articulados de Transcaribe. Esto llamó mi atención. ¿Cómo podían estar sentadas todas estas personas, en el "mesón" de ventas de Rafael? ¿Acaso no sentían el fuerte olor a pescado?

El día siguiente y mientras le compraba, le comenté acerca de mi inquietud; y él, de manera espontánea respondió: «Docto, es que yo lavo mi puesto siempre al terminar la venta, y con detergente... vea» se agachó, y desde una de las esquinas del paradero de buses, tomó un tarro nuevo de detergente líquido y me lo enseñó. Otro punto a su favor.

Cierta ocasión, mientras enseñaba la hermosa vista que el Caribe me permite apreciar desde mi alcoba, a una amiga, le pregunté:

—¿Ves ese muro del frente?

—Sí, claro. Respondió.

—¿Notas que hay un pedazo que se ve algo húmedo a pesar del inclemente sol de la tarde?

—¡Oye sí! Claro que lo veo. Volvió a responder algo intrigada.

—Bueno, allí se coloca mi vendedor de pescados, y te digo algo, mi vendedor de pescados es especial.

Esta hermosa chica me miró con rostro sorprendido e incrédulo; cabeza inclinada, ojo picado y sonreída como diciendo: ¿Ahora con que me va a salir éste?

Pero su expresión cambió apenas le conté todo lo arriba mencionado. Y me concedió la razón en llamar especial a mi vendedor.

Muchas personas son especiales, es cuestión de tener buen ojo y saber mirarlas. De descubrirlas.

La bruja.

Lo más parecido a un centro comercial que se inauguró en la zona sur occidental de Cartagena de Indias, fue el "Magaly Paris" del barrio Santa Lucía. Esto fue en la década de los 80. Sus instalaciones constaban de un solo bloque, dos pisos; el cual era ocupado en algo más del 70% por dicho almacén.

Allí con frecuencia llevaba a mi madre a hacer mercado. Tiempo que aprovechaba para hacer amigas, quienes igual que yo, deambulaban por el mismo en espera de nuestros padres.

Un día de esos y mientras manejaba el carrito de las compras a mi madre, miré hacia las escaleras que llevaban al segundo piso del nuevo almacén, y captó toda mi atención una espectacular dama que venía bajándolas con mucho glamur.

Su presencia era lo único que estaba en aquellas escalas, o al menos así lo veían mis asombrados ojos juveniles.

Poseía esta hermosa mujer definidos rasgos de los originarios de la India. Un hermoso tono canela adornaba toda su piel, alta estatura y un torneado cuerpo delgado; el cual ella, muy bien hacia resaltar con un pausado, coqueto y zigzagueante andar.

De unos 30 o 32 años, aproximadamente. Cabello liso en extremo y abundante. Lo usaba tan largo que, el final de sus hebras reposaba en la comisura de sus caderas. Lucía muy bien cuidado, era de un negro azabache que brillaba intensamente. Su rostro, delgado y fino. Con una nariz fileña y natural.

Llevaba puesto un ajustado pantalón rojo, el cual marcaba perfectamente su silueta. Se veía muy bien todo lo que aquel pantalón cubría. Y una blusa caqui, de encajes, que solo llegaba hasta la mitad de su abdomen. Lo que permitía ver su diminuta cintura, y más piel. Dios que piel, se veía tersa y perfecta. Unos zapatos rojos con tacones muy altos completaban la esmerada indumentaria.

Recién había cumplido los 16 años, y aquella hermosa silueta me había deslumbrado. Quedé paralizado, boquiabierto; aquella mujer era espectacular. Solo me sacó de mi obnubilación, el ver que aquellos ojos grandes y negros, me estaban mirando.

Miré hacia atrás de inmediato, estaba incrédulo de que fuese conmigo aquella mirada coqueta. Pero no había nadie. No lo podía creer, aquella hermosa mujer se había fijado en mí.

La acompañaba un hombre levemente mayor que ella, de similar apariencia física. Esto me intimidó, pensé podría ser su esposo. Pero que va, era su hermano. De todo esto me enteré cuando, en una rápida escapada de mi madre, e incitado por su giñar de ojo, en medio del pasillo donde se ofrecen los productos de aseo, nos encontramos. Rápidamente pedí su número telefónico, ella dijo que no, pero en una pequeña agenda de bolsillo que sacó de su carrera anotó el mío.

Yaneth era una hermosa mujer, por dentro y por fuera. Había sido mujer de un importante político de la ciudad mucho mayor que ella, Olegario Barboza. De esa unión había quedado un retoño.

Nos hicimos amigos inmediatamente, las llamadas entre ambos fueron constantes.

Un domingo cualquiera, Janeth me invitó a almorzar a su casa. Recuerdo que, por ser festivo y día preferido para ir a la playa, fui vestido de manera informal. Una pantaloneta de baño azul oscuro y un suéter largo de color azul celeste, sin cuello ni mangas.

Para rematar, mi auto; un Jeep Comando Viasa, se le había dañado el exosto o silenciador, por lo que producía un estruendo insoportable al andar. Todos los vecinos de Yaneth se enteraron de que un chico adolescente había llegado a visitarla. Ella en realidad disfrutaba de todo esto, le causaba gracia.

Me recibió su madre, me hizo seguir diciendo que Yaneth esperaba por mí.

La casa era de dos pisos, las escaleras eran lo primero que se divisaba desde la puerta. Y al entrar, inmediatamente quedabas en la sala comedor; y allí estaba ella, en medio de todo y custodiada por un inmenso espejo rectangular que se divisaba al fondo.

Estaba sentada en una silla de mimbre, la cual tenía un descomunal espaldar en forma de arco, el cual sobrepasaba la altura de su cabeza. Me hizo recordar la caratula del álbum o Long Play "El Amor", de Julio Iglesias. En éste, el artista español aparece sentado en una silla igual.

Yaneth usaba un vestido blanco ceñido hasta sus caderas. Sus piernas estaban cruzadas y ladeadas hacia la izquierda, su cabello dividido en porciones simétricas y cubriendo sus hombros. Qué imagen tan bonita, de muy buen gusto todo. Se notaba que no se había dejado nada al azar. Cada detalle había sido estudiado; desde la recepción de su madre en la puerta, hasta su impactante presencia esperándome.

Y en la mesa, la elegancia de los platos. La ostentosa bajilla, la colocación y disposición de esta. El vino, los modales y maneras de Yaneth; la chica del servicio impecablemente uniformada atendiéndonos. En fin, una velada inolvidable. Y yo, ataviado con una simple pantaloneta y suéter. Esto hubiese sido perturbador para mí, de no ser porque ella, al notar mi incomodidad, solo se limitó a decir: «no te preocupes amor, te ves bien. Lo importante es que estás aquí».

Comenzamos a vernos con frecuencia, sus llamadas en las mañanas eran infaltables. En mi casa había dos teléfonos; uno en la sala y el otro en el cuarto de mis padres. Como es común en casi todos los hogares, el cuarto de los padres es el apetecido por los hijos. En este caso mi hermana y yo. Allí hacíamos locha o matábamos el tiempo, y lo mejor, podíamos hablar por teléfono acostados.

Cierta ocasión y mientras hablábamos, Yaneth, a manera de piropo, me comentó que la pantaloneta que estaba usando ese día, le gustaba como me quedaba. Quedé sorprendido, le pregunté que cómo sabía lo que vestía; ella sin titubear me dijo que había llegado a quererme tanto, que cuando hablaba conmigo me sentía, y que, al sentirme, casi que podía verme. Me quedé en absoluto silencio, pensativo. Ella lo interpretó como preocupación de mi parte y en seguida aclaró:

«Ay mi Douglas, tan malo que eres y te dejas asustar. Por lo general todos los chicos como tú, a estas horas de la mañana, están en pantaloneta. Fue por lo que "adiviné" lo que usabas... jajaja».

También me causó risa la explicación y le admití que me había alcanzado a intrigar.

Seguimos conversando; ya cansado de estar acostado sobre un mismo lado, procedí a darme la vuelta y cambiar de posición. Todo esto sin soltar el teléfono. Pero, como estaba en la orilla de la cama, mi equilibro vaciló un poco y un rápido enderezamiento de mi espalda evitó que cayera. Pero estuve muy cerca.

—¡Cuidado te caes amor! Advirtió Yaneth de manera refleja y espontánea.

Había sido un movimiento sutil, leve, sin soltar siquiera el teléfono. No había forma posible de que mi interlocutora se percatara del incidente.

Además, lo dijo justo en el instante que sucedió. No preguntó si iba a caer o si me sucedía algo. Ella lo declaró a manera de cuidarme: «Amor cuidado te caes».

Quedé estupefacto, me sentí desnudo, me sentí observado, y debo reconocer que me asusté. Terminé de hablar con ella simulando que no había escuchado lo dicho. Que no había pasado nada. No quise advertirla de lo que acababa de descubrir. Esta mujer en verdad me estaba viendo.

Este hecho, aunado a su constante insistencia por hablar de amor verdadero y formal, a pesar de nuestra diferencia de edades, me hizo tomar distancia.

De allí en adelante comencé a esquivar sus llamadas. Yaneth, a punta de cortesía y buenas maneras se había ganado a mi madre, quien, al no saber la diferencia de nuestras edades, y creer que ella y yo solo éramos amigos, a veces de maldad y para molestarme, me pasaba sus llamadas diciendo que era alguien más.

Al ver mi cambio de actitud y constantes negativas para atender sus llamadas, mi madre me reprochó un día; pero cuando le expliqué lo sucedido, me regañó:

—Está bueno que te sucedan esas cosas. Esa costumbre de darle el número de teléfono a cualquier aparecida. ¡Coge juicio carajo!".

Y en verdad me ajuicié, no recuerdo por cuanto tiempo, pero me ajuicié.

Fin